वास्तुशास्त्र एक विज्ञान है। अतः वास्तु दोषों का निवारण भी वैज्ञानिक तरीके से ही करना चाहिए। वास्तु दोष होने पर किसी भी प्रकार के टोने–टोटके, पूजा–पाठ, यंत्र–तंत्र–मंत्र, पिरामिड, श्री यंत्र, कुछ गाड़ना या लगाना सब व्यर्थ होता है। यदि किसी मंदिर का वास्तु विन्यास ठीक न हो तो वहां भी ज्यादा लोग दर्शन करने नहीं जाते, मंदिर में चढ़ावा भी ठीक नहीं आता, जब कि स्वयं भगवान वहां विराजमान रहते हैं।

लेखक ने पिरामिड की सच्चाई को प्रमाणिकता के साथ बताते हुए पिरामिड वास्तु के नाम पर की जा रही धोखेबाजी को उजागर किया है।

Vaastu Fengshui

Vaastu Guru **Kuldeep Saluja**

Building Construction
Price : Rs. 75/-

Flat & Office
Price : Rs. 75/-

Good Health
Price : Rs. 75/-

Industry & Business
Price : Rs. 75/-

Interior Decoration
Price : Rs. 75/-

Wealth, Prosperity & Fame
Price : Rs. 75/-

Plot
Price : Rs. 75/-

Marriage & Career
Price : Rs. 75/-

सुख समृद्धि और प्रसिद्धि
मूल्य : 60/-

उत्तम स्वास्थ्य
मूल्य : 60/-

उद्योग और व्यापार
मूल्य : 60/-

आंतरिक साज-सज्जा
मूल्य : 60/-

(All Books Available in Hindi & English)

DIAMOND BOOKS
X-30, Okhla Industrial Area, Phase-II, New Delhi-110020,
Phone : 41611861 Fax : 41611866
E-mail : sales@dpb.in Shop online at www.dpb.in

पिरामिड वास्तु सिर्फ धोखा

वास्तुगुरु कुलदीप सलूजा

डायमंड बुक्स

ISBN : 81-288-1688-8

प्रकाशक	:	**डायमंड पॉकेट बुक्स (प्रा.) लि.** X-30, ओखला इंडस्ट्रियल एरिया, फेज-II नई दिल्ली-110020
फोन	:	011-41611861
फैक्स	:	011-41611866
ई-मेल	:	sales@diamondpublication.com
वेबसाइट	:	www.dpb.in
संस्करण	:	2026

Pyramid Vaastu Shirf Dhoka
By: Vaastuguru Kuldeep Saluja

समर्पण

यह पुस्तक मेरे पूज्य भाई
स्वर्गीय बलबीर सलूजा को
सादर समर्पित है।

प्राक्कथन

वास्तु एक प्राचीन विज्ञान है। भारत में लगभग सन् 1990 के आसपास वास्तुशास्त्र के प्रति लोगों में पुर्नजागृति आई। इसी दौरान चीन का वास्तुशास्त्र जिसे फेंगशुई कहा जाता है, इसके बारे में भी भारत के लोगों को जानकारी मिली। मीडिया के बढ़ते प्रभाव के कारण तीन चार वर्षों के अंदर ही इन दोनों शास्त्रों का व्यापक प्रचार प्रसार सम्पूर्ण भारत में हुआ। इसी दौर के चलते एक तरफ गुजरात एवं दक्षिण भारत में ध्यान व चिकित्सा के क्षेत्र में पिरामिड का प्रयोग शुरू हो गया, तो दूसरी ओर पिरामिड वास्तु और फेंगशुई के विषय पर किताबें छपकर बाजार में मिलने लगी, साथ ही अखबारों एवं पत्रिकाओं में लगातार लेख भी प्रकाशित होने लगे। भारत की आम जनता को वास्तु के व्यापक प्रचार प्रसार के साथ–साथ पिरामिड के बारे में जानकारी मिलने लगी और लोग इसकी ओर भी आकर्षित होने लगे। इन परिस्थितियों का फायदा उठाते हुए गुजरात के कुछ विद्वानों ने वास्तु दोष निवारण के लिए पिरामिड का प्रयोग करना शुरू कर दिया जिसे मुख्यतः पायरा वास्तु के नाम से प्रस्तुत किया जाने लगा। भारत के कई विद्वानों ने अपने आपको वास्तु के क्षेत्र में **पिरामिड विशेषज्ञ** अर्थात् **पायराविद्** करार कर दिया। आज वास्तु एवं ज्योतिष की कई मासिक पत्रिकाएं पिरामिड वास्तु के प्रचार में लगी हुई है और विभिन्न प्रकार के पिरामिड बेच रही है। कई पिरामिड विशेषज्ञों ने इस विषय पर चमक–दमक से पूर्ण किताबें भी प्रकाशित करवाई हैं जिसमें अपने ढंग से कई तरह के रेखाचित्रों को बनाकर पिरामिड की ऊर्जा के प्रभाव को दर्शाया गया है। इस तरह की किताबों एवं पत्रिकाओं में पिरामिड संबंधी दी गई

जानकारी में कितनी सच्चाई है? लेखक का वास्तुशास्त्र के क्षेत्र में ज्ञान और व्यवहारिक अनुभव कितना है? पिरामिड वास्तु के प्रचार–प्रसार में इनका असली उद्देश्य क्या है? ये सब बिना समझे–बूझे बेचारे कई नौसिखिए वास्तुशास्त्री इन्हीं पत्रिकाओं एवं किताबों को पढ़कर पिरामिड का प्रयोग वास्तुदोष निवारण में कर रहे हैं।

कोई शास्त्र तब पाखण्ड हो जाता है, जब उस पर अनपढ़, कम जानकार या लालची लोगों का आधिपत्य हो जाता है। जैसे आजकल वास्तुशास्त्र का हाल है। क्योंकि देखने में आता है कि वास्तुविदों ने वास्तुदोष निवारण के लिये कई नये–नये उपाय ढूँढ़ रखे हैं, जिनसे होने वाले लाभ के बारे में काफी बढ़ा–चढ़ा कर बताते हैं, जैसे कि उनके द्वारा बताया गया उपाय वास्तुदोषों को दूर करने के लिए रामबाण औषधि है उनमें से इन दिनों सबसे ज्यादा प्रचलित है पिरामिड। इन पिरामिडों में श्री यंत्र, घंटाकर्ण यंत्र, मंगल यंत्र, नवग्रह, लक्ष्मी, गणेश, शिव आदि की आकृति उकेर कर बनाए गए। इन्हें लक्ष्मी पिरामिड, ऋद्धि–सिद्धि दाता पिरामिड, नवग्रह पिरामिड, मंगल पिरामिड इत्यादि नाम से बेचा जा रहा है।

यह पिरामिड, धातु, कांच, स्फटिक, प्लास्टिक इत्यादि के बनाए जा रहे हैं। गुजरात के एक वास्तुविद् ने तो प्लास्टिक के पिरामिड बनाने की फैक्ट्री ही लगा डाली है। अब वह अपनी फैक्ट्री में निर्मित पिरामिडों को बेचने के लिए प्रत्येक शहरों के ज्योतिषियों एवं वास्तुशास्त्रियों को बुला–बुला कर या प्रचार सामग्री भेजकर भ्रमित कर रहे हैं। बेचारे जो नौसिखिए वास्तुशास्त्री है वह इनके पिरामिड यंत्रों को कारगर समझकर प्रयोग में लाने लगे हैं।

इस प्रकार से हो रहे पिरामिड के दुरुपयोग और धोखाधड़ी को देखते हुए ही यह पुस्तक लिखने की प्रेरणा मेरे मन में आयी। जिस तरह कुछ पायराविदों ने पिरामिड का जो भ्रम जाल एवं भ्रांतियां फैला रखी हैं, उनको इस पुस्तक के माध्यम से दूर कर सकूं ...। मैंने पिरामिड के रहस्यों एवं सच्चाईयों को जानने के लिए विशेष तौर पर इजिप्ट की यात्रा की और वहां काफी समय रहकर पिरामिड पर गहन अध्ययन किया है।

मैं हृदय से आभारी हूं, मैडम जोयस फिलर (Madam Joyce Filer) का जो इजिप्ट के पिरामिड पर दुनियाभर में विशेषज्ञ के रूप में जानी जाती हैं, वह एक क्वालिफाइड टीचर हैं। जिन्होंने पिछले कई वर्षों तक ब्रिटिश म्यूजिम डिपार्टमेंट के प्राचीन इजिप्ट और सूडान के विभाग में विशेषज्ञ के रूप में कार्य किया है। आपने पिरामिड पर अपनी कई वर्षों तक रिसर्च के आधार पर कुछ पुस्तकें लिखी हैं। जैसे The Mystery of the Egyptian Mummy, Pyramids and People in Ancient Egypt etc. जो कि द ब्रिटिश म्युजियम प्रेस द्वारा प्रकाशित की गई है। Madam Joyce Filer ने इजिप्ट के सबसे पहले पिरामिड – किंग डोजर के स्टैप पिरामिड और गीज़ा के विशालकाय पिरामिड जो कि विश्व प्रसिद्ध है से लेकर गांव–गांव में बनाए जाने वाले छोटे–छोटे पिरामिड, कब्र और मकबरों की सच्चाई दुनिया को बताई। मैं आभारी हूं श्री फरीद अतिया (Farid Atiya) का जिनकी पुस्तक The Giza Pyramids में विस्तार से पिरामिड के अंदर व बाहर की जानकारी दी गई है। मैं लगभग तीस से अधिक पिरामिड देखने के बाद उपरोक्त पिरामिड विशेषज्ञों की पुस्तकों का अध्ययन कर पिरामिड के कई रहस्यों और सच्चाईयों को जान पाया।

मैं अपनी पत्नी श्रीमती कुलदीप सलूजा और पुत्रवधू प्रिय शीतल एवं रश्मि के स्नेह भरे सहयोग के लिए आभारी हूं, जिनके सहयोग से यह पुस्तक आप तक ला पाया।

मैं प्रिय विनायक तिवारी, प्रवीण कुमार, रेशमा, संजयदत्त शर्मा, सोहन लाल के प्रति आभार व्यक्त करता हूं जिन्होंने अपनी लगन एवं मेहनत द्वारा इस पुस्तक के संपादन एवं कम्प्यूटर द्वारा इस पुस्तक की पांडुलिपि तैयार करने का कठिन कार्य को पूर्ण किया।

अंततः मैं श्री नरेन्द्र वर्मा जी (प्रकाशक एवं निदेशक, डायमंड बुक्स) का हृदय से अभारी हूं। जिनके आत्मिक सहयोग से मैं अपने गहन अध्ययन एवं शोध को आपके सामने ला सका।

– **कुलदीप सलूजा**

मो. 09425091601

लेखक से वास्तु संबंधी व्यावसायिक परामर्श

वास्तु गुरु श्री कुलदीप सलूजा, उज्जैन शहर के प्रसिद्ध व्यवसायी संस्थान "Billoo & Billoo" Group के संचालक एवं अनुभवी वास्तु सलाहकार हैं।

सामान्यतः देखने में आता है कि छोटे-छोटे वास्तुदोषों के कारण कई निर्माण कार्य आधे-अधूरे रह जाते हैं या निर्माण के दौरान ही अनेक प्रकार की समस्याएं उत्पन्न हो जाती हैं। किसी मकान या फ्लैट में जाकर रहने के बाद उस परिवार में आर्थिक, मानसिक व शारीरिक कष्ट या परिवार में दुःखद हादसे शुरू हो जाते हैं। व्यावसायिक दृष्टि से बनाई गई आधुनिक सुख-सुविधाओं से सुसज्जित मल्टी स्टोरी बनकर तैयार है परन्तु कोई खरीदने को तैयार नहीं है। इसके अतिरिक्त ऐसी कई समस्याएं जैसे अच्छी चलती दुकान का विस्तार करने या नया फर्नीचर बनाने के बाद व्यापार एकदम ठप्प हो गया है। नया शॉपिंग कॉम्पलेक्स बनने के बाद दुकानें नहीं बिकने से उजाड़ पड़ी हुई हैं। नई दुकान में कारोबार शुरू किया पर ग्राहकी नहीं होने से वह निरन्तर घाटे में चल रही है। फैक्ट्री बन कर तैयार है, परन्तु प्रोडक्शन शुरू नहीं हो पा रहा है या फैक्ट्री शुरू तो हो गई परन्तु घाटे में चल रही है। ऐसी अनेक समस्याएं समय-समय पर उत्पन्न हो जाती हैं।

यदि आप भी ऐसी किसी समस्या से परेशान हैं और अपने मकान, दुकान, फ्लैट, ऑफिस, फैक्ट्री, इंडस्ट्री, शापिंग कॉम्पलेक्स, मल्टी स्टोरी, नर्सिंगहोम, स्कूल, विवाह परिसर, टाऊनशिप, मंदिर, आश्रम, फार्म हाऊस, कृषि-भूमि, इत्यादि के वास्तुदोष निवारण के लिए व्यावसायिक परामर्श चाहते हैं अथवा वास्तु अनुरूप नया निर्माण करवाना चाहते हैं तो निम्नलिखित पते व टेलीफोन नंबर पर सम्पर्क कर अपना समय सुनिश्चित कर सकते हैं।

CONTACT AT

Kuldeep Saluja

The NEBULA International School of Scientific Vaastu

Billoo & Billoo, Freeganj, UJJAIN - 456 010 INDIA

Mobile : 094250 91601 **Phones :** 0091 - 734 - 2513229, 2520068

Fax : 0091 - 734 - 2513842

E-Mail: kuldeep@vaastuguru.com, billoo@sancharnet.in

Website : www.vaastuguru.com, www.scientificvaastu.com

प्रिय पाठक,

"पिरामिड वास्तु सिर्फ धोखा" आपके सम्मुख पहुंच चुकी है। यह पुस्तक आपको कैसी लगी? मेरी कोशिश यही रही कि पाठकों को पायरा वास्तु के भ्रम से अवगत कराने के लिए सरगर्भित जानकारी दूं। यदि आप भी पायरावास्तु विदों के छल का शिकार हुए हो तो कृपया मुझे जरूर पत्र लिखकर भेजें। मै आपका अत्यंत आभारी रहूंगा। मैं अगले संस्करण में उसे प्रकाशित करने का प्रयास करूंगा। मुझे आपके पत्रों का इंतजार रहेगा।

– कुलदीप सलूजा

अनुक्रमणिका

1. वास्तुशास्त्र के अनुसार दिशाएं एवं कोण 13
2. पिरामिड का इतिहास 15
3. विश्व प्रसिद्ध गीज़ा पिरामिड और वास्तु–फेंगशुई 34
4. पिरामिड से नहीं होता वास्तुदोष का निवारण 48
5. आस्था और वास्तु 65
6. वैष्णोदेवी का मंदिर है वास्तु की अनूठी धरोहर 71
7. आखिर क्यों घट गई खजराना गणेश मंदिर में दर्शनार्थियों की संख्या? 75
8. वास्तुदोष में कितने कारगर हैं फेंगशुई के टोटके? 78
9. पिरामिड विशेषज्ञों की भ्रामक खोजें 87
10. पिरामिड वास्तुः भुक्तभोगियों के अनुभव 123

वास्तुशास्त्र के अनुसार दिशाएं व कोण

मैगनेटिक कम्पास

दिशाएं एवं कोण के ज्ञान के लिए मैगनेटिक कम्पास उपयोग में सबसे सरल एवं सटीक यंत्र है।

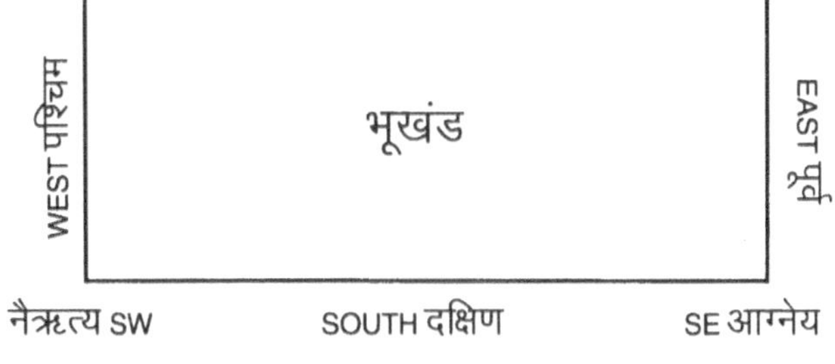

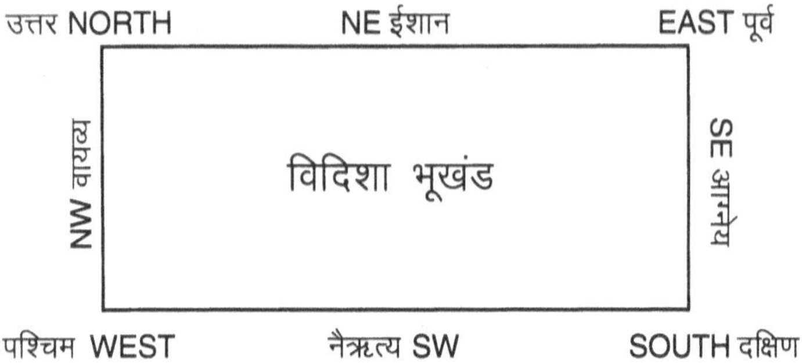

जिस भूखंड में दिशाएं मध्य में न होकर कोने में होती हैं, ऐसा भूखंड विदिशा भूखंड कहलाता है।

चार दिशाएं

पूर्व	EAST	सूर्योदय की दिशा
पश्चिम	WEST	सूर्यास्त की दिशा
उत्तर	NORTH	उत्तरी ध्रुव की दिशा
दक्षिण	SOUTH	दक्षिणी ध्रुव की दिशा

चार कोण

ईशान	NORTH-EAST	पूर्व एवं उत्तर मध्य की दिशा
आग्नेय	SOUTH-EAST	दक्षिण एवं पूर्व मध्य की दिशा
नैऋत्य	SOUTH-WEST	दक्षिण एवं पश्चिम मध्य की दिशा
वायव्य	NORTH-WEST	उत्तर एवं पश्चिम मध्य की दिशा

पिरामिड का इतिहास

आज के युग में उपलब्ध आधुनिक सुख–सुविधाओं एवं संसाधनों के होने के बाद भी समस्याएं घटने के बजाए बढ़ती जा रही हैं। रोजमर्रा के जीवन में बढ़ती कठिनाईयां और तनाव के कारण लोग बहुत परेशान रहते हैं। ज्यादातर व्यक्ति किसी न किसी प्रकार के भय या चिंता से ग्रस्त है। इसी कारण वर्तमान मानवीय जीवन शैली में वास्तुशास्त्र का चलन बहुत ज्यादा हो गया है। आज किसी व्यक्ति के जीवन में किसी प्रकार की मानसिक, शारीरिक और आर्थिक परेशानी चल रही है, तो उसके मन में अन्य बातों के अलावा एक बात जरूर सोचने पर मजबूर करती है, कि जिस मकान में वह रहता है, या जहां वह कारोबार कर रहा है, कहीं उसमें वास्तु दोष तो नहीं है। जब कभी घर खरीदने या बनाने की बात आती है तो आज इस संदर्भ में सबसे प्रचलित शब्द है, वास्तु।

हमारे पूर्वज जानते थे कि प्रकृति के साथ पूर्ण सामंजस्य रखकर किस प्रकार से जिया जा सकता है और बहुतायत में उपलब्ध प्राकृतिक साधनों का मानव जाति के उत्थान के लिए किस प्रकार उपयोग किया जाए ताकि इस संसार के समस्त प्राणी सुखद व सरल जीवन व्यतीत कर सकें, स्वस्थ्य रहे दीर्घायु हो। इसके लिए ही हमारे ऋषि मुनियों ने निरंतर खोज कर ऐसे शास्त्र की रचना की जिसे आज वास्तुशास्त्र के नाम से जाना जाता है। वास्तुशास्त्र के सिद्धांत पूर्णतः प्रकृति के अनुकूल बनाए गए हैं।

वास्तुशास्त्र का उत्पत्ति 4000 वर्षों से ज्यादा प्राचीन वेदों से हुई है। वास्तुशास्त्र चार प्रमुख वेदों में से एक अथर्ववेद का ही एक अंग है। जिस प्रकार विश्व की सभी सभ्यताओं को जीवन के किसी भी

शैली को अमल में लाने के लिए उसे धार्मिक संस्कार का स्वरूप दिया गया तो वह संस्कार शीघ्र ही आम जीवन में स्वीकार कर लिए गए और उनकी सही तरीके से पालन भी होने लगी। उसी प्रकार हमारे ऋषि–मुनियों के लिए भी इस विज्ञान को आमजन तक पहुंचाने के लिए इसके वैज्ञानिक पक्ष को नैपथ्य में रखकर इसे धार्मिकता से जोड़ना आवश्यक हो गया था। इसी कारण कई लोग इसे धार्मिक अंधविश्वास भी मानते हैं। वास्तुशास्त्र तो प्रकृति के साथ समन्वय बनाकर प्रकृति में व्याप्त ऊर्जा से लाभ उठाने का माध्यम है। यह एक विज्ञान है किंतु आजकल वास्तुशास्त्र एक फैशन बन गया है। इसी कारण पुनः इस शास्त्र के वैज्ञानिक आधार कम होते जा रहे हैं और अंधविश्वास बढ़ता जा रहा है या यूं कहें कि बढ़ाया जा रहा है। लोगों की परेशानियों को देखते हुए सतही ज्ञान रखने वाले वास्तुविद् घर, दुकान आदि के वास्तु दोषों को अपने–अपने तरीके से ठीक करने में लगे हुए हैं। कुछ वास्तुविद् पर्यावरण और मानवीय तंत्र की ऊर्जा मापने वाले 'लेकर एंटीना' नामक यंत्र से वास्तु दोष ढूंढ़ रहे हैं तो कोई वास्तुदोष दूर करने के लिए पिरामिड जमीन में गड़वा रहे हैं या दरवाजे पर लगवा रहे हैं, घर के अंदर रखवा रहे हैं। तांबे के पिरामिड पर यंत्र उकेर कर उस यंत्र को गड़वा रहे हैं, तो कोई पिरामिड की पूजा करवाने की सलाह दे रहे हैं।

पिरामिड का नाम सुनकर ही आमजन की आंखों के सामने पत्थर से बनी भीमकाय त्रिभुजाकार आकृति उभर आती है। जो विश्व के सात आश्चर्यों में शामिल हैं और हो भी क्यों न आज से 4500 वर्ष पूर्व किस पद्धति पर आधारित इस विशालकाय आकृति को निर्मित किया गया होगा? साथ ही सोचने की बात यह है कि इतनी बड़ी आकृति को निर्मित करने की आवश्यकता आखिर क्यों हुई?

आइए सबसे पहले देखते हैं कि आखिर पिरामिड है क्या? पिरामिड इजिप्ट (मिस्र) देश के सबसे पुराने और प्रसिद्ध स्मारक हैं। यह ऐसी आकृति है जो कि समतल जमीन पर चार कोनो वाली एक रचना से शुरू होती है जो बाद में ऊपर जाकर एक नोंक पर समाप्त हो जाती है। इजिप्शन विश्वास करते थे कि उनके राजा धरती पर

मौजूद ईश्वर के समान हैं। यदि इनके शव को ममी बनाकर रख दिया जाए तो उनके शव हमेशा के लिए सुरक्षित रहेंगे। इसलिए राजाओं के ममी को सुरक्षित रखने के लिए एक सुरक्षित स्थान की जरूरत थी और उस जगह का स्थान लिया पिरामिड ने। पिरामिड इस तरह से निर्मित किए गए हैं कि मानो उनका शिखर आसमान को छू रहा हो और इजिप्ट वासियों को अपने ईश्वर समान राजा के शव को दफनाने के लिए यही पिरामिड सबसे अच्छा विकल्प लगा होगा क्योंकि यह एक बहुत सुदृढ़ एवं मजबूत आकृति होती है जो कि वहां कि परिस्थितियों से जूझने के लिए पर्याप्त है। इजिप्ट में रेगिस्तान है जहां पर अक्सर रेतों के तूफान आते हैं और त्रिभुज आकृति होने के कारण रेत इन पिरामिडों पर टिक ही नहीं पाती है।

इजिप्ट में इस तरह के 100 से अधिक पिरामिड हैं, परंतु विश्व प्रसिद्धि पिरामिड गीज़ा के 3 मुख्य पिरामिड हैं जो आज इजिप्ट की राजधानी कैरो के दक्षिण–पश्चिम भाग में स्थिति है। गीज़ा के पिरामिड हजारों सालों से चिरस्थाई खड़े हुए हैं क्योंकि इन्हें एक विशेष आकार में निर्मित किया गया है। सभी पिरामिड विभिन्न आकारों में निर्मित किए गए परंतु उनके बनाने का उद्देश्य केवल एक ही रहा और वह था अपने ईश्वर रूपी राजा को और उसके साथ उसके उपयोग की जरूरी वस्तुओं को दफनाना।

जब रेगिस्तानी जमीन पर पिरामिड बनाए गए तो इनके आस–पास अन्य और भी छोटे–छोटे भवन निर्मित किए गए। वहां मंदिर थे जहां पर शाही ममी को तैयार किया जाता था। वहां पुजारियों के रहने के घर थे और कारीगरों के लिए घर एवं भंडारगृह थे।

लगभग 5000 ईसा वर्ष पूर्व इजिप्शियन शव को रेगिस्तान में एक गड्ढा खोदकर रख देते थे और गड्ढे को पुनः रेत से भर देते थे। इसके पीछे उनका वैज्ञानिक आधार था। इजिप्ट एक रेगिस्तानी देश है। वहां रेत इतनी गर्म होती है कि शव का सारा पानी अवशोषित कर लेती थी और इस प्रक्रिया के बाद जो कुछ शेष बचता था वह होता था केवल हड्डियों का ढांचा जिस पर त्वचा चिपकी रहती थी।

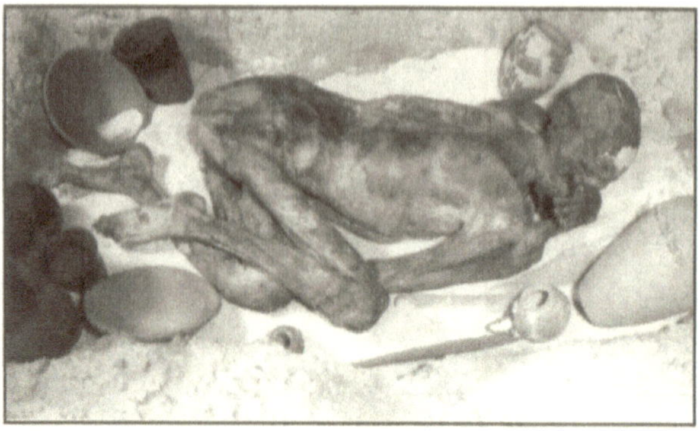

रेत में शरीर का पानी अवशोषित होने के बाद शव

इन सूखे हुए शरीर को Sand-Dried Mummies कहा जाता था। प्राचीन इजिप्शन वासी यह विश्वास करते थे कि मरने के बाद आत्माएं एक दुनिया से दूसरी दुनिया तक यात्राएं करती हैं जो बाद में पुनः जन्म लेती हैं, और दुबारा जन्म लेने के लिए उन आत्माओं को शरीर की आवश्यकता होती है। इसलिए वह शवों को ममी के रूप में सुरक्षित रखते थे और इसी धारणा के तहत वह मृत शरीर के साथ कपड़े, बर्तन, आभूषण और खान–पान का सामान भी साथ रख देते थे ताकि अगली यात्रा के दौरान उन्हें किसी प्रकार की परेशानी का सामना न करना पड़े।

इसके बाद लगभग 3000 ईसा पूर्व अर्थात आज से लगभग 5000 वर्ष पूर्व इजिप्ट वासियों ने शवों को दफनाने की प्रक्रिया में परिवर्तन किया। ऐसे गड्ढे बनाए जिनके ऊपर उन्होंने मिट्टी की ईटों से बनी आयताकार कब्रों का निर्माण करना आरंभ किया। जिन्हें मस्तबा कहा जाता है। आज भी यह इजिप्ट के घरों के बाहर देखने को मिल जाते हैं। जैसा कि चित्र में दिखाया गया है। इसी दौरान इजिप्ट में राजशाही प्रारंभ हो गई। इजिप्ट के पहले राजा डोजर (Dojzar) का शासन शुरू हो चुका था जो कि बहुत धनवान था और वह अपने लिए एक शानदार कब्र का निर्माण करवाना चाहता था, जो कि हमारे सामने पिरामिड के रूप में साकार होकर आया।

आज से लगभग 4500 वर्ष पूर्व अर्थात् 2650 ईसा पूर्व राजा डोजर (Dojzar) ने अपने लिए एक नये प्रकार की कब्र के निर्माण की आज्ञा

दी। जिसे आज स्टैप पिरामिड कहा जाता है। राजा डोजर का स्टैप पिरामिड का डिजाईन उस समय के अत्यधिक बुद्धिमान और होशियार व्यक्ति इम्होटेप (Imhotep) ने किया था। जिसे उस वक्त की कई बड़ी–बड़ी उपाधियों से नवाजा गया। वास्तव में पिरामिड की डिजाईन को बनाने का श्रेय इम्होटेप को ही जाता है। इस कारण इजिप्शन लोग हजारों सालों के बाद भी उसे याद करते है और उसकी पूजा तक करते है।

घर के बाहर मस्तबा बेंच

स्टैप पिरामिड दुनिया का ऐसा पहला विशालकाय निर्माण था जो कि पूर्ण रूप से पत्थरों से निर्मित था। इसके पहले हुए सभी निर्माण मिट्टी की ईंटों से ही होते थे। इस पिरामिड का निर्माण जिस स्थान पर किया गया वह स्थान गीज़ा के पिरामिड से कुछ किलोमीटर दूर स्थित स्क्वैरा में है जिसे आजकल स्क्वैरा कॉम्पलैक्स कहते हैं। यह पिरामिड देखने में ऐसा लगता है जैसे मानों एक विशालकाय सीढ़ी हो। इसे एक आयताकार आधार पर निर्मित किया गया है। जिसकी भुजाएं ऊपर की तरफ दबती हुई नोंक पर समाप्त होती है। इसकी अधिकतर सीढ़ियां लाईमस्टोन से निर्मित है। सबसे नीचे बड़े आकार के पत्थरों को रखा गया है और उसके ऊपर उससे छोटे पत्थरों को। इसी क्रम को जारी रखते हुए इसके 6 स्तर बनाए गए हैं इसके बाद इन्हें अच्छे सफेद रंग के चूने के पत्थरों से ढंका गया या यूं कहें कि प्लास्टर किया गया है ताकि इसकी चमक के कारण निर्माण मीलों दूर से नजर आ सके। परंतु आज स्टैप पिरामिड के ऊपर की परत निकल चुकी है इस कारण अंदर के छः पायदान साफ नजर आते हैं और उसके कई भाग बिखर गए हैं। यह पिरामिड स्क्वैरा कॉम्पलैक्स में बने सभी पिरामिडों से बड़ा है। जैसा की चित्र में दिखाया गया है।

स्टैप पिरामिड के अंदर कई कॉरीडोर एवं कमरे हैं, जिस पर नीले रंग का प्रयोग कर सुसज्जित किया गया है। जब राजा जिंदा था तो

स्क्वैरा का स्टैप पिरामिड

उसके अपने महल में कॉरीडोर, कमरे इत्यादि की सजावट इसी प्रकार थी। राजा को मरने के बाद भी उसी वातावरण का एहसास हो। इसलिए इस प्रकार की सजावट की गई। पिरामिड के नीचे शव दफनाने का कक्ष है। जहां पुजारी ने राजा के शव को दफनाया था। यह कक्ष इस पिरामिड का सबसे महत्त्वपूर्ण स्थान है।

राजा डोजर के बाद कई राजाओं ने पिरमिड बनाने की कोशिश की, पर सही मायने में एक बड़ा पिरामिड बनाने का श्रेय राजा स्नेफेरू (Sneferu) को जाता है। उसने इजिप्ट में दो स्थानों पर तीन पिरामिडों का निर्माण करवाया। उसने दो पिरामिड दहशुर (Dahshur) में और एक पिरामिड मिदम (Meidum) में बनवाया। इसको अंदर से सीढ़ीनुमा

मिदम का पिरामिड

बनाया गया है बाद में उसे बाहर से प्लास्टर कर उसको पिरामिड़ का रूप दिया गया है।

बेंट पिरामिड

दहशुर स्थित दूसरा पिरामिड बेंट (Bent) पिरामिड है। जिसका ढलान (Slop) ऊपर से नीचे आते वक्त थोड़ा फैला दिया गया है। इसके अंदर दो अलग–अलग शव दफनाने के कमरे हैं। विशेषज्ञों का कहना है कि एक राजा ने अपने लिए और एक कमरा अपनी रानी के लिए बनावाया तो कुछ विशेषज्ञों का कहना है कि राजा ने एक अपने शव के लिए और दूसरा अपनी आत्मा के लिए बनवाया। इस पिरामिड के पास एक मंदिर है जहां 6 पत्थरों से निर्मित राजा स्नेफ्रू की एक मूर्ति लगी है जिसकी लोगों द्वारा पूजा की जाती थी।

तीसरा पिरामिड रेड (Red) पिरामिड जो कि दहशुर में बनाया गया। इस पिरामिड का आकार एकदम ढलवा है। इसके अंदर शव दफनाने का कमरा है।

रेड पिरामिड

गीज़ा के विश्व प्रसिद्ध पिरामिड

अब बात आती है दुनिया के उन तीन सबसे बड़े पिरामिडों की जो गीज़ा के रेगिस्तान में आज भी सीना ताने खड़े हैं जो दुनियाभर के सैलानियों को अपनी ओर आकर्षित कर रहे हैं। जो कि विभिन्न तीन राजाओं द्वारा निर्मित करवाए गए थे। जो आज से 4000 वर्ष पूर्व इजिप्ट पर राज करते थे। उस समय इस विशाल रेगिस्तान में बने इन पिरामिडों के आसपास मंदिर थे, छोटे मकान थे। आज इजिप्ट की राजधानी काहिरा आज का आधुनिक कैरो बढ़ते–बढ़ते इसके करीब पहुंच गई है। यह पिरामिड कैरो के दक्षिण–पश्चिम भाग में स्थित है। जिस तरह दिल्ली के बाद नई दिल्ली, मुबंई के साथ नवी मुबंई का विस्तार हुआ है उसी प्रकार आज कैरो का नया विस्तार 6th of October City के रूप में हुआ है जो कि पिरमिड के पीछे वाले भाग अर्थात् पिरामिड के दक्षिण–पश्चिम भाग में स्थित है। जिन तीन राजाओं ने इन तीनों पिरामिड़ों को निर्मित करवाया उनके नाम इस प्रकार हैं –खुफ्रु , खाफ्रे, और मेंकौरे (Khufu, Khafre and Menkaure) परंतु आज यह ग्रीक नामों से प्रसिद्ध है और इनके ग्रीक नाम इस प्रकार हैं Cheops, Chephren and Mycerinus क्योंकि सदियों से ग्रीकवासी इजिप्ट जाते रहे हैं और उन्हें इन राजाओं के अरबी नामों के उच्चारण में दिक्कत महसूस होती थी तो उन्होने अरबी उच्चारण को ग्रीक भाषा में उच्चारित करना शुरू कर दिया।

यह तीनों पिरामिड शाही कब्रे हैं जहां मरने के बाद राजाओं को इनमें दफनाया गया। इन तीनों बड़े पिरामिड के आसपास शाही परिवार के सदस्याओं के लिए, राज्य के महत्त्वपूर्ण पदों पर नियुक्त ओहदेदारों के लिए कई छोटे पिरामिड, मकबरे और कब्रे बनाई गई जिनमें से आज भी कुछ वहां मौजूद हैं।

पुरातत्ववेत्ताओं ने खुफ्रु (Khufu) पिरामिड के पास 7 गड्ढे पाए हैं जिसमें से पांच गड्ढे खाली हैं। छठे गड्ढ़े में उन्हें एक दबी हुई लकड़ी की एक बड़ी नाव मिली जो की मिट्टी में दफनाई गई थी जिसे बाहर निकालकर पहले पिरामिड के पास ही बने सोलार बोट म्यूजियम में सैलानियों के देखने के लिए रखी गई है। माना जाता है कि इस बड़ी नाव के जरिए ही राजा की ममी को इस स्थान तक लाया गया होगा। स्पेशल कैमरे से ज्ञात हुआ कि सातवें गड्ढे में भी नाव दबी हुई है। इस खुफ्रु पिरामिड के बारे में कुछ जानकारी इस प्रकार है–

1. यह महान पिरामिड लगभग 2600 ईसा वर्ष पूर्व बनाया गया है जो कि 137 मीटर ऊंचा है। इसको लगभग 2300000 चूने के पत्थरों से बनाया गया है और उसके ऊपर इसे सफेद चूने से प्लास्टर किया गया। यह प्लास्टर क्षरण के कारण निकल गया है जो कि अब पिरामिड के थोड़े ही भाग पर मौजूद है।
2. इस पिरामिड के अंदर जाने का रास्ता जमीन से 15 मीटर ऊपर हैं किंतु आजकल सैलानियों के लिए अंदर जाने का रास्ता थोड़ा नीचे करके बनाया गया है जैसा कि चित्र में दर्शाया गया है।
3. प्रवेश द्वार से एक ढलवा गलियारे में नीचे जाना होता है

खुफ्रु पिरामिड के अंदर जाने का रास्ता

गिज़ा का पहला पिरामिड खुफ़ू

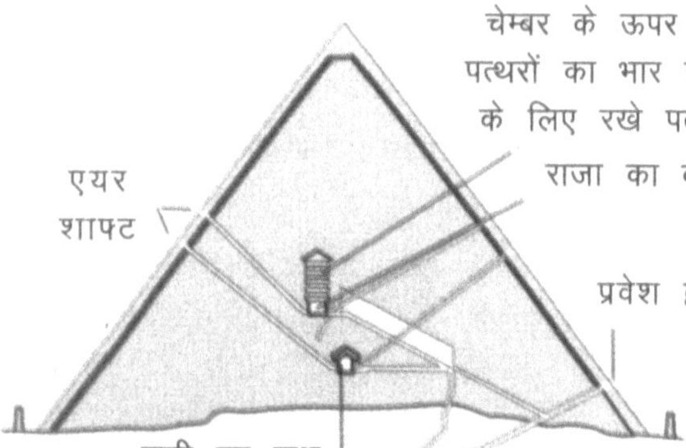

खुफ़ू पिरामिड के अंदर की बनावट

जहां पर पिरामिड में राजा को दफनाने के लिए कमरा बनाया गया है। पर यह पूरी तरह से निर्मित नहीं हो सका इस कारण राजा को यहां दफनाया नहीं गया। इसके बाद दूसरी ओर ढलवा गलियारे में ऊपर की ओर जाए तो हमें वहां एक और कमरा मिलता है जिसे क्वीन चैम्बर कहा जाता है। यहां पर भी रानी के शव को नहीं दफनाया गया। इसके बाद ऊपर चलने पर एक बहुत आश्यर्चजनक भव्य गलियारा है। जो पिरामिड के मध्य य तक जाता है जहां पर राजा खुफ्रु की ममी को रखा गया था। इसे किंग चैम्बर कहा जाता है। इसके अंदर लाल ग्रेनाइट पत्थर से बना ताबूत रखा गया है। अब यहां भी खुफ्रू की ममी नहीं है पर उसका नाम कमरे की छत पर लिखा हुआ है।

4. इस पिरामिड में दो एयर शाफ्ट हैं। इन एयर शाफ्टों को क्यों बनाया गया, इसके बारे में कोई जानकारी नहीं मिलती है और यह इतनी छोटी है कि इसके अंदर कोई आ या जा नहीं सकता है। इसके निरीक्षण के लिए 1993 में एक रोबोट अंदर भेजा गया जो कि आज ब्रिटिश म्यूजियम में रखा हुआ है।
6. इस पिरामिड के पास तीन छोटे पिरामिड हैं जिन्हें सेटेलाईट पिरामिड (Sattelite Pyramids) कहा जाता है। जो कि राजा खुफ्रु के परिवार की महिलाओं के हैं। पिरामिड विशेषज्ञों का मत है कि तीनों पिरामिडों में से एक उसकी बहन, दूसरा उसकी पत्नी और तीसरा उसकी मां के लिए बनाया गया था।

दूसरा खाफ्रे (Khafre) पिरामिड 2558 ईसा पूर्व बनया गया था। यह खुफ्रु पिरामिड से छोटा है पर खुफ्रु पिरामिड की तुलना अधिक ऊंचाई पर बना होने के कारण इससे ज्यादा बड़ा दिखाई देता है। इसमें 1500000 के करीब चूने के पत्थर लगे हुए हैं। गीझा का यही एक मात्र ऐसा पिरामिड है जिस पर सफेद चूने की परत का थोड़ा सा भाग चोटी पर अभी भी दिखाई देता है। इस पिरामिड के अंदर दो प्रवेश द्वार हैं। यह दोनों प्रवेश द्वार उस स्थान पर जाते हैं जहां पर राजा को दफनाने का कमरा बनाया गया है।

गीज़ा का दूसरा पिरामिड खाफ़्रे

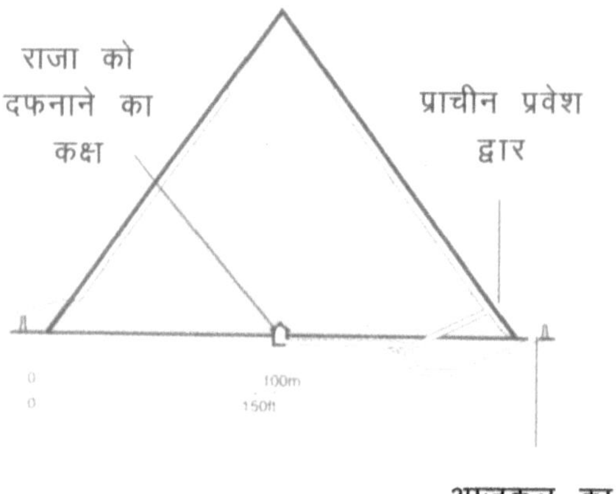

खाफ़्रे पिरामिड के अंदर की बनावट

राजा खाफ्रे ने अपने परिवार की महिलाओं के लिए कोई पिरामिड नहीं बनवाया। किंतु अपनी पत्नी के लिए अपने पिरामिड के पास एक मकबरा बनवाया। मकबरे में रानी के साथ–साथ परिवार की दस महिलाओं की मूर्तियां भी बनी हुई हैं।

इस पिरामिड़ के बिल्कुल सामने पूर्व दिशा में एक विशालकाय आकृति स्थित है जिसका चेहरा मानव का है और शेष शरीर शेर का है। जो कि 72 मीटर लंबा और 20 मीटर ऊंचा है। यह इजिप्ट का सबसे बडा स्टेच्यू है जिसे स्फिंक्स के नाम से जाना जाता है जो कि राजा खाफ्रे ने बनवाया था। यह स्टेच्यू इस तरह से दिखाई देता है कि वह पिरामिड की रक्षा कर रहा हो। इसका यह नाम ग्रीक भाषा से आया है क्योंकि ग्रीक में भी इससे मिलता जुलता एक और स्टेच्यू है जो कि स्फिंक्स के नाम से ही जाना जाता है।

इजिप्ट का सबसे बड़ा स्टैच्यू स्फिंकस। पीछे खाफ्रे पिरामिड दिखाई दे रहा है।

गीज़ा का तीसरा अंतिम पिरामिड राजा खाफ्रे के बेटे मैंकौरे (Menkaure) ने अपने लिए बनवाया था। मैंकोरे पिरामिड में दो प्रकार

गीज़ा का तीसरा पिरामिड मैंकौरे

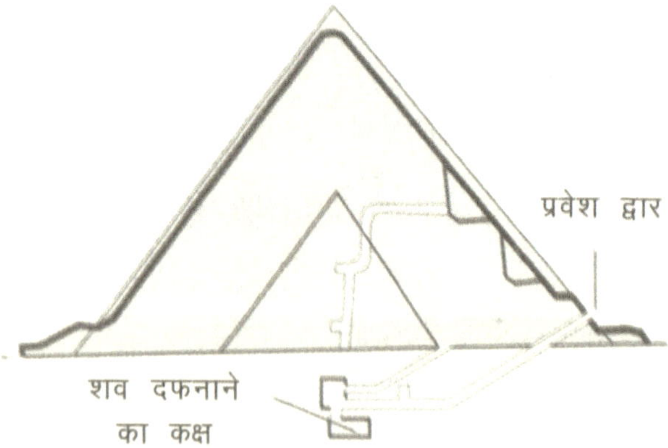

मैंकोरे पिरामिड के अंदर की बनावट

गीज़ा पिरामिड के सामने बने तीन छोटे सेटेलाइट पिरामिड

के पत्थरों का प्रयोग किया है नीचे की ओर लाल–भूरे रंग के ग्रेनाईट पत्थरों का उपयोग किया गया है और ऊपर के भाग में सफेद चूने के पत्थरों से बनाया गया है। इस पिरामिड की ऊंचाई 66 मीटर है जो कि गीज़ा का सबसे छोटा पिरामिड है। आज इसकी स्थिति अन्य दोनों पिरामिडों की तुलना में बहुत अच्छी है। इसकी चार मीटर की ऊंचाई पर एक प्रवेशद्वार है जिसका गलियारा जो बाद में नीचे शव दफनाने के कमरे में जाता है और इसी के पास एक स्टोर रूम भी बनाया गया है। इस पिरामिड के पास में तीन छोटे पिरामिड सेटेलाईट पिरामिड (Sattelite Pyramids) भी बने हुए हैं। यह तीनों पिरामिड शाही परिवार की महिलाओं के हैं। इस पिरामिड के पास एक बहुत बड़ा मकबरा है। यह मकबरा शाही परिवार की उस महिला का है जो कि बाद में मिस्र के होने वाले दो राजाओं के मां की थी। विशेषज्ञों का ऐसा मानना है कि इस महिला ने अपने बच्चों के वयस्क होने तक मिस्र का शासन चलाया इस कारण ही उसके लिए इस शाही मकबरे को यहां स्थान मिला।

लगभग 2375 ईसा पूर्व अर्थात् गीज़ा पिरामिड के बनने के 200 साल बाद इजिप्ट में राजा उनास (Unas) का राज्य था। इसने राजा

उनास का पिरामिड

डोजर और अन्य राजाओं की तरह ही अपने लिए पिरामिड का निर्माण करवाया जो आज स्क्वेरा नाम से जाना जाता है। यह गीज़ा पिरामिड से कुछ ही किलोमीटर पर स्थित है। यह पिरामिड अन्य शाही पिरामिड की तुलना में सबसे छोटा है। कहा जाता है कि उनास के शासनकाल के दौरान सूखापन बहुत अधिक बढ़ गया था जिससे फसलों की पैदावार कम होने लगी थी इसलिए राजा उनास की आर्थिक स्थिति अच्छी न होने के कारण यह पिरामिड अन्य पिरामिडों की तुलना में छोटा ही बनाया गया था। उनास का पिरामिड आज जीर्ण–शीण हालत में है। इसके दक्षिण भाग में एक गड्ढा है जैसा कि चित्र में दिखाया गया है। इस पिरामिड के अंदर कोई भी खाली स्थान नहीं है तथा राजा को दफनाने को जो कमरा है वह इस पिरामिड के नीचे स्थित है जहां पहले एक कमरा आता है फिर तीन स्टोर रूम आते हैं और उसके बाद यह कमरा आता है। जिस कमरे में राजा को दफन किया गया है उस कमरे की सजावट बहुत खुबसूरत ढंग से की गई है।

उनास के पिरामिड के निर्माण के बाद एक या दो राजाओं ने ही पिरामिड निर्मित करवाए जिसके सैकड़ों वर्ष बाद लगभग 1991 ईसा पूर्व के आसपास राजा सेन्यूस्रेट् (Senusret) ने अपने एक पिरामिड का निर्माण करवाया जो कि अल लाहुन नामक गांव के पास स्थित है। यह पहला पिरामिड था जो कि मिट्टी की ईंट से निर्मित करवाया गया था। जिसके सिर्फ मध्य के थोड़े भाग में पीले चूने के पत्थरों का

इस्तेमाल किया गया है। यह पिरामिड लगभग पूर्णरूप से ध्वस्त हो चुका है। इस पिरामिड में भी उनास के पिरामिड की तरह ही शव को दफनाने का कमरा जमीन के अंदर है।

सेन्यूस्रेट का पिरामिड

अमेनेम्हेट् का पिरामिड

सेन्यूस्रेट् के पिरामिड के बाद राजा अमेनेम्हेट् (Amenemhet) ने लगभग 1842 ईसा पूर्व दो पिरामिडों को निर्मित करवाया। एक पिरामिड दहशुर (Dahshur) में निर्मित करवाया जो कि काले रंग की मिट्टी की ईंटों का बनवाया गया था जो की पूर्ण रूप से ध्वस्त हो चुका है। दूसरा पिरामिड जो कि हवारा (Hawara) में बनवाया गया था। यहां राजा को दफनाया गया था। यह मिट्टी की ईंटों से ही निर्मित किया गया था। लेकिन इसकी स्थिति मिट्टी की ईंटों से बने अन्य पिरामिडों की तुलना अधिक अच्छी है।

हवारा का पिरामिड

अह्मोसे् का पिरामिड

उपरोक्त सभी पिरामिडों के निर्माणों के बाद मिस्र का सबसे आखरी पिरामिड राजा अह्मोसे (Ahmose) ने बनवाया जो कि आबीदोस (Abydos) नामक स्थान पर स्थित है। इस पिरामिड की बाहरी दीवारे बहुत अधिक ढलवा थीं। आज की तारीख में यह पूरी तरह से ध्वस्त हो चुका हैं। जैसा कि चित्र में दिखाया गया है।

इस प्रकार इजिप्ट में शाही परिवार के अलावा कई रईस लोगों ने भी अपने लिए पिरामिडों का निर्माण करवाया। इन पिरामिडो की खास बात यह रही कि इन सभी पिरामिडों में शव को दफनाने के कमरे पिरामिड के अंदर ना होकर जमीन के अंदर है। जहां उनके शवों को रेत में दबाकर ममीफाइड किया जाता था। जैसा कि चित्रों से स्पष्ट है।

दुनिया में अब तक बनी किसी भी इमारत के मुकाबले में सबसे ज्यादा अध्ययन पिरामिड एवं उसकी निर्माण प्रक्रिया पर किया गया है। पिरामिड विशेषज्ञ के अनुसार राजा ने पिरामिड बनाने का स्थान तय किया और विद्वान आर्किटेक्ट की टीम ने डिजाईन तैयार किया। प्राचीन मिस्रवासी आकाश में स्थित तारों की स्थिति से अत्यधिक प्रभावित थे। इसलिए ऐसे भव्य निर्माण में खगोलशास्त्रियों (Astronomers) की सलाह भी अत्यंत महत्वपूर्ण थी। खगोलशास्त्रियों की टीम ने ही यह तय किया कि किस तरह आकाश स्थित तारों की स्थिति के अनुकुल निर्माण किया जाए। इसलिए उन्होंने उत्तर दिशा स्थित ध्रुव तारे की सीध में पिरामिड के प्रवेश द्वार की दिशा तय की और उन्हें एक लाईन में बनाने की सलाह दी।

इजिप्ट के अलावा दुनिया के अन्य कई देशों में पिरामिडों के आकृति की रचना की गई। लगभग सभी जगहों पर पिरामिड की

आकृति का उपयोग सिर्फ और सिर्फ एक विशेष कार्य के लिए किया गया था और वह कार्य था शव दफनाना।

विशेषः उपरोक्त विवरण के सार में यह बात ध्यान देने योग्य है कि, पिरामिड के अंदर जो शव रखे गए उन्हें सबसे पहले पुजारियों द्वारा रेत के अंदर दफना कर उसके शरीर का सारा पानी सुखाया गया। इसके पश्चात विशेष तरह का रासायनिक लेप लगाकर शव की ममी तैयार की गई। इस प्रकार तैयार की गई ममी को पिरामिड के अंदर रखा गया। आज किसी भी पिरामिड के अंदर कोई ममी मौजूद नहीं है। सभी पिरामिडों से प्राप्त हुई ममीज को कैरो के राष्ट्रीय संग्रहालय (Egyptian Museum) के विशेष कक्ष में रखा गया है। इस संग्रहालय की बनावट दुनिया में मौजूद अन्य संग्रहालयों की तरह ही है। इस संग्रहालय के किसी भी भाग में कहीं पर पिरामिड की आकृति का निर्माण नहीं किया गया है और संग्रहालय का वह हॉल जहां ममीज रखी गई हैं वह भी सामान्य हॉल की तरह ही है।

●●●

विश्व प्रसिद्ध गीज़ा पिरामिड और वास्तु–फेंगशुई

भारत में पिरामिड वास्तु पर लिखने वाले वास्तुविद्‌ों ने अपने लेखों में विश्वप्रसिद्ध गीज़ा पिरामिडों का जिक्र किया है और उसको लेकर अपनी कल्पना शक्ति की ऊंची–ऊंची उड़ाने भरकर उसमें बहने वाली असीम ऊर्जा का वर्णन किया है। कई तरह के रेखाचित्र बना कर ऊर्जा किस तरह से अपने कार्य को करती है, इसकी भ्रामक जानकारी अपने कार्यालयों में बैठकर तैयार की है। यह सब एक प्रकार से आम जनता को धोखा देने का प्रयास किया जा रहा है। इस धोखे की कहानी यूं शुरू होती है कि गुजरात में लंबे समय से पिरामिड आकृति को लेकर चिकित्सा क्षेत्र में कुछ कार्य चल रहा था। सन्‌ 1992–93 के आसपास वास्तु के बारे में भारत के लोगों में पुनः जागृति आई। इसके साथ ही वैश्वीकरण के कारण कुछ लोगों को चीनी वास्तुशास्त्र फेंगशुई के बारे में भी जानकारी प्राप्त हो रही थी। इस दौरान गुजरात के वास्तुविदों ने पिरामिड को वास्तु के साथ जोड़ने के कारनामें को अंजाम दिया जिसमें वह सफल भी हुए। नौसीखिए एवं कई ज्योतिष जो कि वास्तु के बारे में ज्यादा नहीं जानते थे, उन्होनें इनकी बातों पर यकीन कर यह मान लिया कि शायद वास्तुदोष दूर करने में पिरामिड की ऊर्जा कुछ विशेष भूमिका का निर्वाह करती है और उन्होंने भी बिना तोड़फोड़ के वास्तुदोष निवारण में पिरामिड का उपयोग करना शुरू कर दिया।

इजिप्ट में पिरामिड विशेषज्ञों के अनुसार उन्हें सौ से अधिक पिरामिडों की जानकारी हैं जिसमें से ज्यादतर पिरामिड जीर्ण–शीर्ण हालात में है। केवल गीझा में स्थित तीन पिरामिड ही अच्छी स्थिति

Mediterranean Sea
Tura
GIZA
SAQQARA
Memphis
DASHUR
Fayum
MEIDUM
El Lahun
HAWARA
Sinai
Sahara
Desert
EGYPT
Eastern
Desert
Red
Sea
R. Nile
ABYDOS
Valley of the Kings
DEIR-EL-MEDINA
Thebes
Hierakonpolis
Aswan
Ancient boundary between
Egypt and Nubia
NUBIA
MAP OF ANCIENT EGYPT
Pyramids in this book
Towns and other sites

में है। तीनों पिरामिडों की अच्छी स्थिति के लिए कोई ऊर्जा नहीं अपितु पत्थरों की महती भूमिका है। इन तीनों पिरामिडों में जिन राजाओं, रानियों तथा शाही परिवार के सदस्यों के शवों को रखा गया था, वह स्थान ज्यादतर पिरामिडों के नीचे जमीन के अंदर बने कमरों में था। जहां पर शवों को विशेष प्रकार के रासायनिक लेप से संरक्षित करके रखा गया था, साथ ही इन शवों पर किए गए रासायनिक लेपों के साथ–साथ महीन कपड़ों का भी इस्तेमाल किया गया था। पिरामिड के आकार पर भी मिस्रवासी एकमत नहीं थे। जिसकी पुष्टि अलग–अलग आकार के पिरामिडों के मिलने से होती है। एक विशेष बात ध्यान देने योग्य यह है कि किसी भी पिरामिड में लोहा, लकड़ी, तांबा, स्फटिक, प्लास्टिक आदि का प्रयोग बिल्कुल ही नहीं किया गया है। यह तय है कि आज से 5000 ईसा वर्ष पूर्व उस काल में इतनी बड़ी आकृति को निर्मित करना एक महान कार्य था जिसमें 70–70 टन के वजनी पत्थरों को इतनी ऊंचाई पर पहुंचाना बहुत मुश्किल कार्य था। इसके लिए पिरामिड के निर्माण में लगे कारीगरों को नमन करना चाहिए। आज के आधुनिक समय में यह सभी कार्य क्रेन और आधुनिक मशीनों की सहायता से सरलता पूर्वक संभव है। आज तो पिरामिड से कई गुना ऊंची इमारतें कई देशों में निर्मित की जा रही है।

भारत सहित विश्व के कई जगहों पर इस आकृति का प्रयोग आदिकाल से किया जा रहा है। आज भी भारत सहित सभी गरीब देशों के गांवों में जो झोपड़े बने होते है वह भी पिरामिड की आकृति के होते हैं, अस्थाई टेंट अर्थात् तंबू भी पिरामिड की आकृति के ही होते हैं। यह आकृति निश्चित रूप से मजबूत होती है, जो बरसात और हवा के थपेड़ों का सामना ज्यादा अच्छे तरीके से कर सकती है।

इजिप्ट की यात्रा के दौरान मुझे एक बात विशेष तौर पर देखने में आई कि, वहां प्राचीन काल के बने पिरामिडों को छोड़कर किसी भवन, ऑफिस, हॉस्पिटल आदि की बनावट में कहीं पर भी पिरामिड या पिरामिड की आकृति दिखाई नहीं देती है। हां कैरो के इंटरनेशनल एयरपोर्ट ड्यूटी फ्री शॉप पर पिरामिड की आकृति की ऐशट्रे जरूर देखने को मिली।

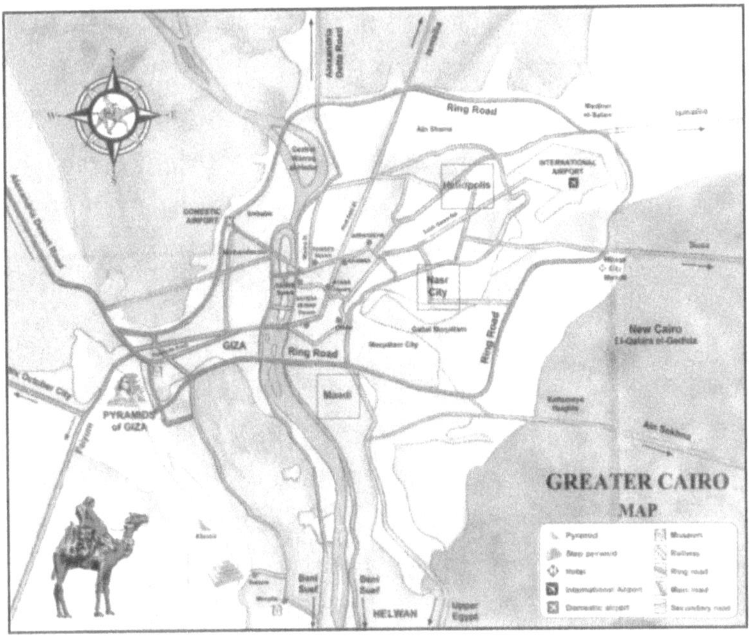

इजिप्ट की राजधानी कैरो का मानचित्र

सभी के मन में यह जिज्ञासा पैदा होती है कि, आखिर पिरामिडों में ऐसा क्या आकषर्ण है? कि आज भी दुनियाभर के सैलानियों का सबसे प्रिय पर्यटक स्थल है।

इस आकषर्ण के पीछे मूलभूत कारण यह है कि इन पिरामिडों का वास्तुशास्त्र और फेंगशुई के सिद्धांतों के अनुकुल बना होना। आइए इजिप्ट में बनाए गए पिरामिडों का वास्तु एवं फेंगशुई विश्लेषण करके देखते हैं –

सबसे पहले तो यह देखते है कि इजिप्ट इतना प्रसिद्ध क्यों हुआ जबकि विश्व के अन्य देशों में भी इससे प्राचीन सभ्यताओं का पता चला है। फिर इजिप्ट ही क्यों ऐसा चर्चित रहा? विश्व की ज्ञात सभी सभ्यताएं ज्यादातर नदियों के किनारे के भूभाग पर ही विकसित हुईं। इजिप्ट एक रेगिस्तानी देश है जिसके एक ओर पूर्व में पूर्वी रेगिस्तान (Eastern Desert) है तो दूसरी ओर पश्चिम में सहारा का रेगिस्तान (Sahara Desert) है। इजिप्ट के मध्य से नील नदी बहती है जो देश

के दक्षिण से उत्तर की ओर बह रही है। इसलिए इजिप्ट के दक्षिण भाग को अपर इजिप्ट और नीचे उत्तर वाले भाग को लोवर इजिप्ट कहा जाता है। नील नदी नुबिया (आज का सूडान) से प्रारंभ होकर इजिप्ट के मध्य से बहती हुई मेडिटेरेनीन सागर (Mediterranean Sea) में जाकर मिलती है और इसी नील नदी के आसपास ही मिस्र की प्राचीन सभ्यता विकसित हुई। मिस्र देश जो आज **इजिप्ट** के नाम से जाना जाता है। इस तरह इजिप्ट का दक्षिण दिशा वाला भाग ऊंचा है और उत्तर दिशा के भाग से नीचा है तथा उत्तर दिशा में ही आगे जाकर नील नदी समुद्र मे मिलती है। वास्तु का सिद्धांत है कि दक्षिण ऊंचा हो और उत्तर नीचा हो और उत्तर में पानी हो तो वह स्थान प्रसिद्धि प्राप्त करता है। इजिप्ट की भौगोलिक स्थिति ही वास्तुनुकुल है और इस कारण से इजिप्ट प्राचीन काल से विश्व में प्रसिद्ध रहा और आज भी प्रसिद्ध है तथा हमेशा ही रहेगा।

अब इजिप्ट का वह भाग देखते हैं जहां पर पिरामिडों का निर्माण करवाया गया। उस स्थान का नाम है गीज़ा। गीज़ा की भौगोलिक स्थिति वास्तु नियमों के अनुसार धन व प्रसिद्धि दिलाने में सहायक है। गीज़ा के विश्व प्रसिद्ध तीनों पिरामिड एक विशालकाय रेगिस्तानी टीले पर निर्मित करवाए गए हैं। जिस स्थान पर यह तीनों पिरामिड स्थित हैं उनके एकदम पास लगभग दो सौ मीटर की दूरी पर ही उत्तर व पूर्व दिशा में ढलान है। ढलान के बाद लगभग ढाई सौ मीटर के बाद से कैरो शहर की आबादी वाला भाग शुरू हो जाता है। गीज़ा इजिप्ट की राजधानी कैरो के दक्षिण–पश्चिम के कोने अर्थात् नैऋत्य कोण में स्थित है। वास्तु सिद्धांतों के अनुसार शहर का दक्षिण पश्चिम भाग वैभवशाली होता है। कैरो के नैऋत्य कोण में स्थित पिरामिड के कारण नैऋत्य कोण एकदम भारी हो गया है। भारी नैऋत्य कोण कैरो का वैभव बनाए हुए है। इन पिरामिडों के पीछे दक्षिण–पश्चिम वाले भाग में मीलों दूर तक बालूरेती के इस टीले का फैलाव हैं। तीसरे मैकोरे पिरामिड के लगभग पांच सौ मीटर दूर नैऋत्य कोण में विशेष ऊंचाई है। आज जहां तक पक्की सड़क का निर्माण किया गया है। जहां से सैलानी पिरामिड को निहारते हैं, फोटो खींचते हैं। यहां से

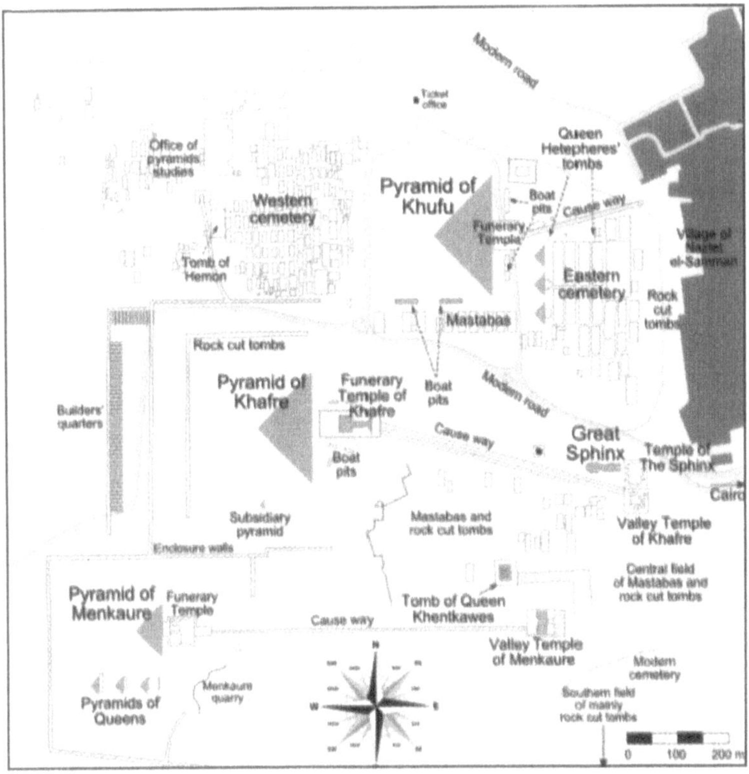

गीज़ा स्थित पिरामिड कॉम्पलेक्स

सामने देखने पर ढलान पर स्थित उत्तर और पूर्व दिशा में पिरामिड नजर आते हैं और थोड़ा आगे और ज्यादा ढलान पर कैरो शहर दिखाई देता है। इन पिरामिडों तक पहुंचने के दो रास्ते हैं, एक रास्ता स्फिंक्स के दांये भाग से होता हुआ मध्यपूर्व से ऊपर पिरामिडों तक जाता है, जो बीच वाले पिरामिड के पूर्व ईशान के भाग के पास तक जाकर दायें भाग की ओर मुड़ जाता है, और दूसरा रास्ता पहले खुफ़ु पिरामिड के सामने उत्तर ईशान में स्थित है। आजकल वाहन से आने वाले सैलानी इसी उत्तर ईशान की सड़क से ही इस क्षेत्र में प्रवेश करते हैं। मध्य पिरामिड की पूर्व दिशा में टीले के ढलान के आखरी छोर पर स्फिंक्स है। यह ढलान इन पिरामिडों की कुछ ही दूरी से शुरू हो जाता है। इस कारण गीज़ा के पिरामिड जहां पर निर्मित हैं

खुफ्रु पिरामिड के पूर्व दिशा में जमीन के अंदर बने कमरे

वह स्थान वास्तु और फेंगशुई के सिद्धांतों के अुनसार है जो इसको प्रसिद्धि दिलाने में सहायता कर रहे हैं। इस प्रकार इस स्थान की भौगोलिक स्थिति उसी प्रकार है जिस प्रकार भारत के ताजमहल के एकदम उत्तर में यमुना नदी बह रही है जो ताज को विश्व प्रसिद्ध करने में सहायक है।

किंग चैंबर के पश्चिम भाग में रखा ग्रेनाईट का बड़ा आयाताकार ताबूत

अब बात करें पिरामिडों के निर्माण में वास्तु के सिद्धांतों की –

सभी पिरामिड जो एक आयताकार आधार पर बने हैं। खुफ्रू पिरामिड के अंदर जाने का रास्ता मध्य उत्तर में रखा गया। यह

खुफ्रु पिरामिड के पूर्व दिशा में बना गहरा कुआं

आकृति एक जैसे ढलाव में बनाई गई है जिसने इसको मजबूती प्रदान की है। पिरामिड के अंदर स्थित किंग चैम्बर जहां राजा की ममी को रखा गया था के अंदर जाने का रास्ता उत्तर ईशान से है और चैम्बर के अंदर रखा गया ग्रेनाईट का बड़ा आयताकार ताबूत पश्चिम में रखा हुआ है, जिससे किंग चैम्बर का पश्चिम भाग भारी हो रहा है। उत्तर दिशा में स्थित पहला खुफ्रु पिरामिड के पूर्व में सोलार बोट्स के दो गड्ढे हैं जहां से बड़ी नावे जमीन के अंदर से निकाली गई हैं। यह गड्ढे तीनों पिरामिडों के पूर्व ईशान के भाग में स्थित हैं। जैसा कि चित्र में दिखाया गया है। इन गड्ढों के आगे पूर्व दिशा में एक गहरा कुआं है और कुएं के आगे एक बहुत बड़े गड्ढे में कुछ कमरे बने हुए हैं, जहां सीढ़ियों से नीचे उतरकर इन कमरों में दाखिल हुआ जाता है। बीच वाले मध्य के पिरामिड के ठीक सामने स्फिंक्स है जो कि काफी नीचाई पर स्थित है और साथ स्फिंक्स के चारो ओर एक बहुत बड़ा गड्ढा है, जिसे बिना छत का तलघर कह सकते हैं। पिरामिड के आसपास रेत के टीले पर पूर्व एवं पश्चिम में बहुत सारी कब्रें हैं।

वास्तुगुरु कुलदीप सलूजा गीझा कॉम्पलैक्स के नैऋत्य भाग में

यहीं पर मंदिर भी है। इस प्रकार पूर्व दिशा स्थित गड्ढ़े एवं इस स्थान की भौगोलिक स्थिति वास्तु-नुकुलता को दर्शाती है। इन पिरामिडों के सामने पूर्व का भाग बहुत ढलान लिए हुए है जिस ओर स्फिंक्स है। पूर्व दिशा में ही आगे जाकर नील नदी बह रही है। वास्तु सिद्धांत के अनुसार उत्तर दिशा में ढलान प्रसिद्धि लाता है तो पूर्व दिशा का ढलान पैसे का आगमन करता है। इसलिए विश्व का एकमात्र वह स्थान है जिसे देखने के लिए आज दुनिया में सबसे ज्यादा सैलानी आते हैं। पर्यटन से इजिप्ट को बहुत आमदनी होती है जो इजिप्ट की अर्थव्यवस्था को सुदृढ़ करने में बहुत सहायक हैं। वास्तु के अनुसार दुनिया के किसी भी गांव, नगर, महानगर के दक्षिण दिशा, नैऋत्य कोण एवं पश्चिम दिशा के क्षेत्र अन्य क्षेत्रों की तुलना में ज्यादा वैभवशाली होती है। किसी भी शहर का विकास जहां से होता है वहां से चारों तरफ बढ़ते-बढ़ते दक्षिण दिशा, नैऋत्य कोण एवं पश्चिम दिशा वाले क्षेत्र का विकास अन्य दिशाओं की तुलना में तेजी से होता है। उत्तर दिशा व पूर्व दिशा के मध्य स्थित ईशान कोण वाला भाग

विकास की धीमी गति के कारण अपनी चमक खोता जाता है, इसके विपरीत उस शहर के दक्षिण दिशा के मध्यभाग से लेकर नैत्रृत्य कोण एवं मध्य पश्चिम क्षेत्र में तेजी से होते विकास के कारण वैभव बढ़ता जाता है। जबकि बाकि अन्य दिशाओं में शहर का विकास सामान्य गति से होता रहता है। इस सिद्धांत के अनुरूप ही कैरो शहर का विकास भी चारों और हो रहा हैं।

आइए इसका फेंगशुई के सिद्धांतों के अनुसार विशलेषण करें।

फेंग शुई का एक सिद्धांत है कि, यदि पहाड़ के मध्य में कोई भवन बना हो, जिसके पीछे पहाड़ की ऊंचाई हो, आगे की तरफ पहाड़ की ढलान हो, और ढलान के बाद पानी का झरना, कुंड, तालाब, नदी इत्यादि हो, ऐसा भवन निश्चित रूप से प्रसिद्धि पाता है और सदियों तक बना रहता है। फेंग शुई के इस सिद्धांत में दिशा का कोई महत्त्व नहीं है। ऐसा भवन किसी भी दिशा में हो सकता है।

फेंगशुई के अनुसार इजिप्ट के दक्षिण भाग में ऊंचाई, उत्तर में ढलान है और आगे समुद्र है। फेंगशुई के इस सिद्धांत से इजिप्ट प्रसिद्ध हुआ। गीज़ा जहां पिरामिडों को निर्मित किया गया है उसके

खुफ्रु पिरामिड के पास दक्षिण में स्थित रानी का मस्तबा

वास्तुगुरु कुलदीप सलूजा अपने मित्र राज के साथ स्फिक्स के आगे पूर्व दिशा वाले भाग में। पीछे उंचाई पर पश्चिम दिशा में पिरामिड्स हैं

उत्तर–पूर्व दिशा में काफी ढलान है प्राचीन काल में पिरामिडों तक जाने का रास्ता स्फिंक्स के पास से था और पिरामिडों के पीछे रेगिस्तान की इस पहाड़ी की और अधिक ऊंचाई तथा पिरामिड के सामने पूर्व दिशा में नीचे की ओर थोड़ी दूर जाकर नील नदी बह रही है। इस प्रकार इस स्थान की पूरी भौगोलिक स्थिति पर फेंगशुई के सिद्धांत लागू होते हैं इस कारण यह पिरामिड सम्पूर्ण विश्व में प्रसिद्धि प्राप्त कर चुके हैं और आगे भी प्रसिद्ध ही रहेंगे। यह वास्तु एवं फेंगशुई विश्लेषण तो हुआ गीज़ा के उन पिरामिडों का, जो अपनी वास्तुनुकुल भौगोलिक स्थिति के कारण विश्व में प्रसिद्धि पाये हुए हैं।

आइए अब चर्चा करें उन पिरामिडों की जो वास्तुनुकुल भौगोलिक स्थिति में न बनाए जाने के कारण आज जीर्ण–शीर्ण हालत में है।

गीज़ा पिरामिडों से दक्षिण पूर्व दिशा में कुछ किलोमीटर दूर उसी विशाल रेत के टीले पर द स्क्वैरा कॉम्पलैक्स स्थित है। जहां स्टैप पिरामिड, राजा डोजर द्वारा बनाया गया विश्व का पहला पिरामिड है

उसी के आसपास उनास पिरामिड, टीटी पिरामिड, बुशिर पिरामिड सहित कई छोटे–बडे पिरामिड हैं। इनकी हालत जीर्ण–शीर्ण हो रही हैं। इनमें से कुछ तो मिट्टी के ढेरों में परिवर्तित हो रहे हैं क्योंकि इन पिरामिडों की भौगोलिक स्थिति वास्तुनुकुल नहीं है। इनके उत्तर दिशा की ओर ऊंचाई है और दक्षिण दिशा की ओर ढलान है। इन पिरामिडों तक पहुंचने का रास्ता पिरामिडों के दक्षिण नैऋत्य से आता है। इसलिए यह जीर्ण–शीर्ण हालत में हो गए हैं। स्टैप पिरामिड के दक्षिण में एक बहुत बड़ा गड्ढा भी है और बुशिर पिरामिड का दक्षिण एकदम नीचा हो गया है। गीज़ा पिरामिडों को देखने आए सैलानियों का पांच प्रतिशत सैलानी भी देखने नहीं जाते हैं। जो थोड़े बहुत सैलानी इस कॉम्पलैक्स को देखने जाते हैं उसके आकर्षण का कारण है कि उस कॉम्पलैक्स की भौगोलिक स्थिति में केवल फेंगशुई का ही सिद्धांत लागू होता है। क्योंकि इस स्थान के पिरामिडों के एक तरफ ऊंचाई, तो दूसरी तरफ ढलान है और उसके बाद थोड़ा आगे जाकर एक गंदा नाला बह रहा है। जिसके एक ओर रहायसी क्षेत्र है तो दूसरी तरफ औद्योगिक क्षेत्र है।

पिरामिड के पीछे नीचे के तरफ पूर्व दिशा में कैरो शहर

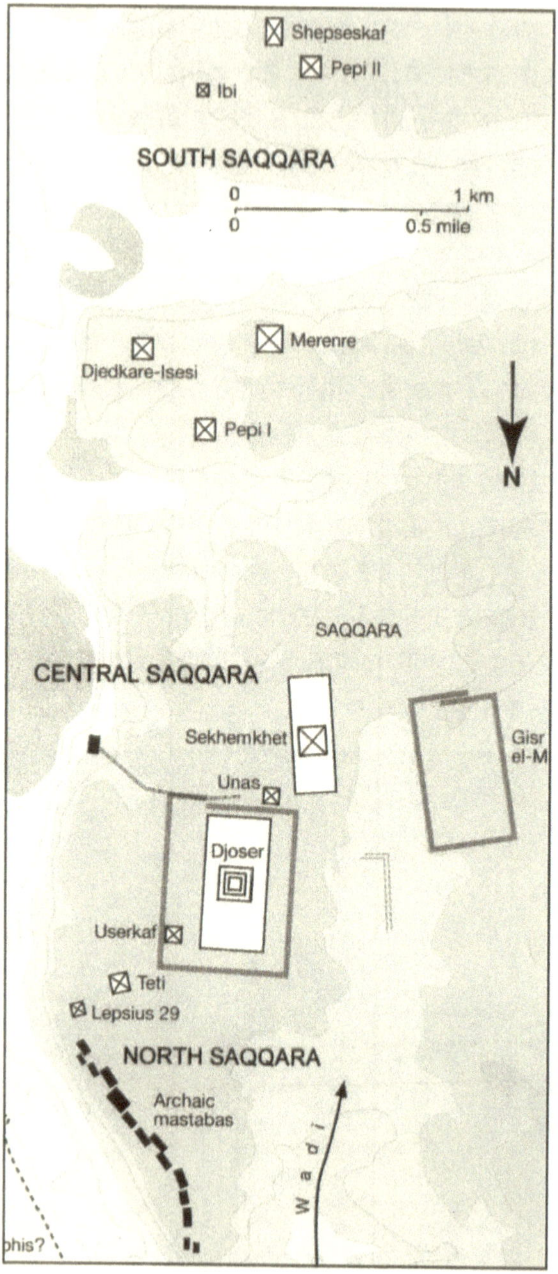

द स्कैवरा कॉम्पलैक्स

अब विचार करने योग्य बात यह है कि यदि पिरामिड के अंदर वास्तुदोष दूर करने की शक्ति होती तो स्क्वैरा कॉम्पलैक्स में स्थित कम से कम दो–चार पिरामिड ही सही गीज़ा के पिरामिडों के समान सुरक्षित तने खड़े रहते। मैंने इन गीज़ा पिरामिडों के आसपास कई गरीब हॉकर देखे जिनमें छोटी उम्र के बच्चे भी थे जो अत्यंत साधारण कपड़ों में खाने–पीने के वस्तुएं, पानी, गिफ्ट आर्टिकल इत्यादि छोटी–छोटी वस्तुएं बेचते हुए नजर आए यदि पिरामिड के उपयोग से वास्तुदोष दूर होकर समृद्धि आती है तो ऐसी दशा में वहां सामान बेचने वाले सभी हॉकर गरीब न होते बल्कि बड़े व्यापारी बनकर सुखद एवं सरल जीवन व्यतीत कर रहे होते।

विशेष – यह तय है कि, पिरामिड वास्तु सिद्धांतों को ध्यान में रखकर बिलकुल भी नहीं बनाए गए हैं। जितने भी पिरामिड बनाए गए हैं उनमें से गीज़ा के तीनों पिरामिड के अलावा कुछ पिरामिडो की दिशाएं मध्य में है। स्क्वैरा कॉम्पलैक्स में स्थित ज्यादतर पिरामिडो की दिशाएं कोण की ओर 10^0–15^0 खिसकी हुई है। विश्व प्रसिद्ध गीझा के तीनों पिरामिडों को छोड़कर इनसे पहले या बाद में बनने वाला कोई भी पिरामिड वास्तुनुकुल भौगोलिक स्थिति पर नहीं बनाया गया।

जैसा की पिछले पन्नों पर बताया जा चुका है कि गीज़ा के तीनों प्रसिद्ध पिरामिडों के ऊपर से भी चमकीले लाईम स्टोन के प्लास्टर की परत उखड़ चुकी है जो कि सिर्फ थोड़े से ही भाग में बाकी है। इन तीनों पिरामिड के एकदम करीब में बने पुजारियों के कमरे, कब्र, मकबरे, जीर्ण–शीर्ण हालत में हैं और इन पिरामिडों के आसपास कई पत्थर बिखरे पड़े हैं।

सोचने की बात है कि, इतने बड़े और विशाल पिरामिड अपने ही आसपास के इन निर्माणों को ही सुरक्षित नहीं रख पाए। तो आप ही सोचिए कि, पायराविदों द्वारा बेचे जाने वाले दो–चार इंच के आकार के पिरामिड क्या चमत्कार दिखा सकेंगे।

●●●

पिरामिड से नहीं होता वास्तुदोष का निवारण

विश्व के सात आश्चर्यों में से एक पिरामिड इजिप्ट (मिस्र) में है। नाइल नदी के किनारे बसे गीज़ा में 4500 वर्ष से ज्यादा पुरानी फारा ओन की समाधियां पिरामिड कहलाती हैं। जिनका निर्माण आकाश में उत्तर दिशा की ओर स्थित ध्रुव तारे की सीध में वास्तुनुकुल भौगोलिक स्थिति में हुआ है।

ग्रीक भाषा में पायर (Pyre) का अर्थ है आग और मिड (Mid) का अर्थ है मध्य। अतः पिरामिड का अर्थ हुआ वह वस्तु जिसके मध्य में आग अर्थात् ऊर्जा हो। यह वह ऊर्जा होती हैं जो कि शीघ्र नष्ट हो जाने वाली वस्तुओं को विकारों से सुरक्षित रखती है। पूरे विश्व में सदियों से मंदिर, मस्जिद, चर्च, गुरुद्वारे, बौद्ध मठ इत्यादि धर्मस्थलों के ऊपरी हिस्से एक विशेष गुम्बदनुमा आकृति लिए होते हैं जो कि पिरामिड का ही एक रूप है। इन गुम्बदों के नीचे बैठने से हमें ऊर्जा से भरपूर शुद्ध वायु मिलती है जिससे हमें शांति का अनुभव होता है। मन प्रफुल्लित होता है। मानसिक एकाग्रता बढ़ती है। इसका कारण यह है कि यहां पर पिरामिड आकृति के कारण एक विशेष ऊर्जा उस गुंबद के मध्य में प्रवाहित होती रहती है। कुल मिलाकर यह कहा जा सकता है कि पिरामिड आकृति शक्ति संचय का श्रेष्ठ उपकरण है। ध्यान व चिकित्सा क्षेत्र में पिरामिड का प्रयोग निश्चित रूप से लाभदायक है पर समृद्धि के लिए बिलकुल नहीं।

पिरामिड के इन्हीं गुणों के कई सफल परीक्षण के बाद इस सदी के महान चिंतक ओशो (आचार्य श्री रजनीश) ने शरीर छोड़ने के पहले

गुंबजनुमा आकृति के सदियों पुराने भारतीय धर्मस्थल जो पिरामिड के समरूप ही हैं।

अपने पूना स्थित आश्रम में साधकों के ध्यान के लिए पिरामिड आकृति के विशाल कक्ष के निर्माण की आज्ञा दी थी जो नवम्बर 2002 में बनकर तैयार हुआ। इस पिरामिड आकृति के ध्यान कक्ष का निर्माण जर्मनी के प्रतिभाशाली इंजीनियर स्वामी विदेह की देखरेख में हुआ है। 18000 वर्ग फीट भूमि पर बने इस ध्यान पिरामिड में 5000 लोग एक साथ बैठ सकते हैं। इसकी ऊंचाई 6 मंजिल है।

पूना स्थित ओशो आश्रम

इसी प्रकार इंदौर–भोपाल नेशनल हाईवे पर सोनकच्छ में 250 एकड़ विशाल भूमि, सुरम्य पहाड़ी स्थान पर पुष्पगिरि तीर्थ का निर्माण हो रहा है जो आदरणीय आचार्य श्री 108 पुष्पदंत सागरजी महाराज एवं क्रांतिकारी संत मुनिश्री तरूणसागरजी महाराज के निर्देशन में चल रहा है। इस भूमि की भौगोलिक स्थिति धार्मिक स्थान के लिए पूर्णतः वास्तुअनुकूल है। इसका उत्तर एवं पूर्व भाग नीचा है इसी कारण यह स्थान इतने कम समय में ही प्रसिद्धि पा चुका है। पश्चिम से ऊँचाई लेते हुए दक्षिण में पूरी तरह ऊँचा है इसलिये यह स्थान अपने धार्मिक महत्व के कारण प्रसिद्धि पा रहा है।

पुष्पगिरी में ध्यान एवं अध्ययन के अनुकूल वातावरण को ध्यान में रखते हुए संत एवं साध्वी निवास भी बनाए गये हैं जिनकी आकृति पिरामिड आकार की है। इन पिरामिड आकार के निवास बनाने मे

सीमेंट एवं लोहे के सरिये का प्रयोग बिलकुल भी नहीं किया गया है। ईंटों को एक विशेष प्रकार की लुग्दी से आपस में जोड़ा गया है। इस लुग्दी में गुड़, बिल्व पत्र के फल का गूदा, उड़द की दाल, गोंद एवं चूना इत्यादि का प्रयोग किया गया है। इससे यह संत साध्वियों के निवास स्थान गर्मियों में ठंडे एवं ठंड में गर्म रहेंगे। इसी प्रकार पुष्पगिरि तीर्थ के प्रांगण में ही एक बहुत बड़ी पिरामिड आकृति का हॉल बनाया जा रहा है। जिसके अंदर जाने के लिये रास्ता एक गुफा से होकर जाएगा। जहां पर विद्वान संतों महात्माओं द्वारा शारीरिक एवं मानसिक परेशानियों से ग्रस्त लोगों का इलाज किया जाएगा। वहां हॉस्टल के कमरों की छतें भी पिरामिड आकार की बनाई जा रही है।

आजकल वास्तु दोष निवारण में पिरामिड को जादू के पिटारे की तरह प्रस्तुत किया जा रहा है। पिरामिड वास्तु दोष निवारक एवं धन समृद्धिदायक है। इसके लिए पचास, सौ रुपये से लेकर पांच हजार तक के पिरामिड बाजार में उपलब्ध हैं जैसे लक्ष्मी पिरामिड, मंगल पिरामिड, स्वास्तिक पिरामिड, नवग्रह पिरामिड, वृहत पिरामिड, पिरामिड का लॉकेट, ब्रेसलेट, अंगूठी, शो पीस और पता नहीं कितनी ही अनगिनत वस्तुएं पिरामिड आकृति में मिलने लगी हैं। जो कि ज्यादातर प्लास्टिक की बनी होती हैं जो किसी प्रकार का ऊर्जा संचार नहीं कर पाती हैं। यूं भी सच तो यह है कि पिरामिड का सुख समृद्धि से कोई लेना–देना नहीं है, इसका उपयोग मात्र शीघ्र नष्ट हो जाने वाली वस्तुओं को लंबे समय तक सुरक्षित रखने के उपाय से है। इजिप्ट जहां से विश्व को पिरामिड का ज्ञान मिला वहां पर भी इसका उपयोग मात्र शवों को सुरक्षित रखने के लिए किया गया।

आज हमारे देश में हमारी आस्था के मांगलिक चिन्ह स्वास्तिक का दुरूपयोग यह पायराविद् तांबे एवं प्लास्टिक के स्वस्तिक पिरामिड बनाकर कर रहे हैं। स्वस्तिक आकृति पर छोटे–छोटे पिरामिड बनाये जाते हैं जिनका उपयोग वास्तुदोष निवारण में किया जा रहा है। इजिप्ट में जहां पिरामिडों में शव रखे जाते थे उसमें उस आकृति के स्वस्तिक का उपयोग हमारी आस्था का अपमान है। दुनिया की लगभग सभी प्रमुख सभ्यताओं में इस चिन्ह के इस्तेमाल का वर्णन

मिलता है। आज भी भारत को छोड़कर मिस्त्र, चीन या अन्य संस्कृतियों में जहां भी स्वस्तिक का उपयोग किया जाता है, उसे उसके मूल स्वरूप में ही रखा जा रहा है। हमारे देश में लगभग 1998 के आसपास तथाकथित वास्तुशास्त्रियों ने जो अपने आप को **पायराविद्** कहते हैं अपने निजी लाभ के लिये आस्था के प्रतीक चिन्ह को पिरामिड रूप में प्रस्तुत कर वास्तु के साथ जोड़ दिया है जो पूर्णतः गलत एवं अवैज्ञानिक है। स्वस्तिक सहित मांगलिक चिन्हों का वास्तु में महत्व हैं, इनके उपयोग से व्यक्ति की सकारात्मक सोच विकसित होती है, किन्तु इसी पवित्र चिन्ह के साथ पिरामिड बना देने से न सिर्फ उसका मूल स्वरूप विकृत होता है बल्कि वह अमंगलकारी भी हो जाता है।

दुनियाभर के लगभग सभी धार्मिक स्थलों के गर्भ गृह के ऊपर बने गुंबद काफी बड़े आकार के होते हैं जो कि पिरामिड का ही एक रूप है। कई तो पिरामिड के आकार के ही हैं। जितने बड़े आकार के गुंबद होते हैं उतनी ही ज्यादा सकारात्मक ऊर्जा वहां होती है। यह पिरामिड आकृति भी अन्य वास्तु दोष होने पर कुछ लाभ नहीं दे पाती है। यदि पिरामिड आकृति से वास्तुदोष दूर होते तो सभी धार्मिक स्थानों पर एक जैसी भीड़–भाड़ होती। हमें अपने आस–पास ही ऐसे कई धार्मिक स्थान देखने को मिलते हैं जहां पिरामिड जैसा गुबंद बना होने के बाद भी दर्शनार्थियों की संख्या नहीं के बराबर होती है। असल में यह वह ध ार्मिक स्थान होते हैं जो वास्तु सिद्धांतों के अनुकुल नहीं बने होते। अब आप ही सोचिये कि यह छोटे–छोटे दो चार इंच आकार के पिरामिड किस तरह किसी भवन या भूमि का वास्तु दोष दूर कर सकते हैं। पिरामिड के उपयोग में महत्त्वपूर्ण बात यह है कि जिस वस्तु को सुरक्षित रखने के लिए पिरामिड का प्रयोग करना है, तो उस वस्तु के आकार से पिरामिड का आकार बड़ा होना चाहिए, साथ ही सही परिणाम पाने के लिए पिरामिड को इस प्रकार रखना होगा कि उसकी एक बाजू उत्तर

पिरामिड एवं गुंबजनुमा आकृति के सदियों पुराने भारतीय धर्मस्थल।

दिशा में रहे, कोने में न रहे। पिरामिड चिकित्सा में सिरदर्द के लिए भी पिरामिड का आकार सिर से बड़ा होता है, आंखों पर पिरामिड का उपयोग करते हैं, तो आंखों से बड़े आकार का होता है, साग सब्जी को सुरक्षित रखने के लिए करते हैं, तो साग सब्जी के टोकरे से बड़े आकार का होता है, दूध को सुरक्षित रखने के लिए करते हैं, तो दूध के बर्तन से बड़े आकार का होता है, जहां फार्म हाऊस में साग सब्जी उगाने के लिए पिरामिड का प्रयोग करते हैं, वहां भी पिरामिड के बड़े–बड़े स्ट्रक्चर बनाए जाते हैं। इसका मतलब तो यह हुआ कि यदि किसी मकान, दुकान, प्लॉट इत्यादि का वास्तु दोष निवारण करना है, तो पिरामिड के सिद्धांत अनुसार उससे बड़े आकार का पिरामिड बनाकर उसके ऊपर रखना चाहिए। सच तो यह है कि वास्तुशास्त्रियों ने अपने लोभ लालच के लिए पिरामिड का दुरुपयोग जोर–शोर से करना शुरू कर रखा है, और अब तो इसे **पायरा वास्तु** नाम देकर लोगों को बुरी तरह से गुमराह किया जा रहा है।

मिस्र में भी शव रखने के लिए बड़े आकार के विशालकाय पिरामिड बनाए गए हैं। इस संबंध में पिरामिड विशेषज्ञ डॉ. फ्लेनगन ने लिखा है कि, पिरामिड के विशेष भौमितिक आकार के कारण उसके पांचों कोनों (चार बाजू तथा एक शिखर) में एक विशेष प्रकार की ऊर्जा पैदा होती है, जो पिरामिड के अंदर एक तिहाई ऊंचाई पर घनीभूत होती है इस बिंदु को फोकल ज्वाइंट कहते हैं। इसी स्थान पर मृत शरीर को ममी बनाकर लकड़ी के बक्से में रखा जाता था, वह स्थान किंग्स चेम्बर कहलाता है। पिरामिड के केवल इसी भाग, किंग्स चेम्बर में अत्यधिक ऊर्जा होने के कारण उसमें हजारों सालों तक ममी सुरक्षित एवं यथावत् रह पाई और उनमें किसी प्रकार का विकार उत्पन्न नहीं हुआ है।

विश्व की कई सभ्यताओं में पिरामिड का निर्माण किया गया है। विश्व के सातों महाद्वीपों में से अंटार्कटीका को छोड़ कर सभी महाद्वीपों में पिरामिड की उपस्थिति पाई गई है। चीन, ग्रीस, जर्मनी, इटली, पेरू, मिसीसिप्पी, सेन्ट लूईस, मेक्सिको, ग्वाटेमाला, जापान, आस्ट्रेलिया इत्यादि देशों में भी पिरामिड पाए गए हैं।

पेरू में 'टक्यूम' शहर की खुदाई के दौरान 26 पिरामिडों का पता चला जो कि, 1500 वर्ष पुराने हैं। इन पिरामिडों में भी कब्र पाई गई हैं।

नूबियन पिरामिड, सूडान

मैक्सिको और ग्वाटेमाला के जंगलों में माया सभ्यता के मन्दिरों तथा पिरामिडों के अवशेष आज भी देखे जा सकते हैं। कहा जाता है कि जब यूरोप 'डार्क एज' में था यहां पर एक अति विकसित सभ्यता पनप रही थी। इस सभ्यता को खगोल का अच्छा ज्ञान था तथा वास्तुकला भी अपने शिखर पर थी। उस काल में कई विशाल व सुंदर मन्दिरों का निर्माण हुआ। मन्दिरों के साथ–साथ पिरामिडों का भी निर्माण किया गया। जैसा कि, भारत के पुष्पगिरि तीर्थ में किया जा रहा है।

सीटेडल पिरामिड मंदिर, मैक्सिको

सन् 1996-97 के पूर्व भारत में छपे किसी वास्तुशास्त्र के ग्रंथ में वास्तु दोष निवारण के लिए पिरामिड के प्रयोग का वर्णन नहीं है, यह सब इन्हीं तथाकथित अल्पज्ञानी, लालची वास्तुशास्त्रियों की देन है। चीन, हांगकांग, सिंगापुर, मलेशिया इत्यादि देशों कें फेंगशुई एक्सपर्ट पिरामिड आकृति को ही अशुभ बताते हैं।

मलेशिया की विश्वप्रसिद्ध फेंगशुई मास्टर मेडम लिलियन टू ने पिरामिड आकृति पर अपने विचार इस तरह प्रकट किये हैं– PYRAMID SHAPES CAN BE INAUSPICIOUS - REMEMBER THAT PYRAMIDS WERE THE TOMBS OF THE PHAROAHS,

AND THUS MORE SUITABLE FOR THE DEAD THAN THE LIVING.

रोम स्थित एक कब्र

यदि पिरामिड आकृति इतनी विशेष होती तो आज पिरामिड का प्रयोग ठीक उसी तरह से पूरे संसार में होने लगता, जिस तरह भारत का योग, आयुर्वेद, वास्तुशास्त्र, चीन का फेंगशुई, एक्यूप्रेशर, एक्यूपंचर, जापान की रैकी इत्यादि का प्रयोग पूरे विश्व में मानव कल्याण के लिए हो रहा है। इस कारण आज भी फेंग शुई के जन्म स्थान चीन, और विश्व के किसी भी देश में इजिप्ट सहित जहां पिरामिड पाये गये है वहां कहीं भी वास्तु दोष निवारण के लिए पिरामिड का प्रयोग बिलकुल नहीं होता है और हमारे देश में वास्तुशास्त्रियों एवं ज्योतिषों ने वास्तु दोष तो क्या, ग्रहों के प्रभाव से होने वाले कष्टों को दूर करने के लिए भी पिरामिड का प्रयोग ऊंचे–ऊंचे दावों के साथ कर जनता को लूटना शुरू कर रखा है। यहां तक की कई पायराविद् पिरामिड की पूजा करने की सलाह तक भी देते हैं।

लंदन स्थित एक कब्र

आपको यह जानकर और अधिक प्रसन्नता होगी या हंसी आएगी कि एक चतुर फेंगशुई

पेरिस का एक प्रसिद्ध संग्राहलय Louvre

विश्व के विभिन्न देशों में बन रहे
पिरामिड आकृति के आधुनिक भवन

स्कॉटलैंड का शापिंग सेंटर The Forge

सायरामिड

विशेषज्ञ जो पायराविद् भी है, ने लोगों को धोखा देने के लिए नये आकार के प्लास्टिक के पिरामिड को तैयार किया है जिसका नाम उन्होंने सायरामिड रखा है। उनका प्लास्टिक से बना यह सायरामिड अभी तक मिलने वाले बाकी सभी पिरामिड से दो कदम आगे की खोज है। इस पायराविद् के अनुसार जिन लोगों को वास्तुदोष निवारण में पिरामिड को सही तरीके से रखना या गाड़ना नहीं आता उनके लिए यह नवीनतम खोज विशेष उपयोगी है। इसमें पिरामिड की तरह चार कोण न होकर आठ कोण हैं अर्थात सायरामिड का आकार अष्टाकार है। इस पायराविद् के अनुसार इसे आप किसी भी दिशा में किसी भी तरह से रख सकते हैं। इसको बनाने वाले विद्वान का दावा है कि एक सायरामिड दो पिरामिड के बराबर का काम करता है। यह अलग बात है कि सायरामिड के आधार पर चार कोंण ही है। लगभग दस रुपये लागत से बने इस प्लास्टिक के सायरामिड की कीमत इस पायराविद्

ने केवल 720 रुपये ही रखी है। निकट भविष्य में यह पायराविद् सायरामिड की पैंसिल ला रहे हैं इस पैंसिल से लिखने से छात्रों की स्मृति तेज होगी एवं उनकी एकाग्रता बढ़ेगी। इसके साथ ही वाहन मालिकों के लिए भी उन्होंने अपनी प्रचार सामग्री में यह जानकारी दी है कि वह वाहन सायरामिड भी ला रहे हैं जो कि वाहन को दुर्घटनाओं से बचाएगा और चालक को हमेशा चौकन्ना रखेगा। अब वाहन चालकों को प्रभू कृपा के लिए अपने वाहन में देवी–देवताओं की मूर्ति या फोटो को रखने की आवश्यकता नहीं होगी।

पिछले दिनों मुझे पिरामिड वास्तु पर लिखी एक किताब पढ़ने में आई जिसमें पिरामिड से होने वाले लाभ के विभिन्न प्रकार के दावे किए गए हैं, जैसे– किसी अस्वस्थ व्यक्ति की फोटो के ऊपर पिरामिड रखकर पूजा की जाए तो वह व्यक्ति स्वस्थ हो जाता है। यदि कोई व्यक्ति घर छोड़ कर चला जाए तो उसकी फोटो पर पिरामिड रखकर पूजा करने से व्यक्ति घर वापस जल्दी लौट आता है। मेरा पिरामिड वास्तु के उस विद्वान लेखक से एक ही निवेदन है कि वह सबसे पहले ओसामा बिन लादेन के फोटो पर पिरामिड रखकर पूजा कर उसे पकड़ने में अमेरीका को सहयोग दें। विश्व के शांतिप्रिय लोग सदियों तक उनका अहसान मानेंगे।

इसी प्रकार कई पायराविद् दावा करते हैं नेम प्लेट के दोनों ओर छोटे–छोटे पिरामिड बनाने से मान सम्मान बढ़ता है। मुकदमें की फाईल पर पिरामिड रखने से मुकदमें में जीत मिलती है। कमीज की जेब में रखने से हार्ट ट्रबल नहीं होती, मेरे ख्याल से पेट पर बाधने से शायद फेफड़े, लीवर, किडनी को भी लाभ मिलना चाहिए। पिछले दिनों मैनें कुछ अलग–अलग रंगों के पायरा कार्ड देखे। लाल रंग के पायरा कार्ड से भाग्य और भविष्य निखरता है। हरे कार्ड से पैसे की आवक बनी रहती है और आर्थिक उन्नति होती है। पीले कार्ड से ऊर्जा और जीवंतता बनी रहती है। नीले कार्ड से व्यापार अच्छा चलता है और कैरियर संवरता है। निष्कर्ष यह निकलता है कि आठ–दस रुपये की लागत वाले प्लास्टिक के यह पिरामिड जादुई चिराग की तरह आपकी सारी परेशानियों को दूर कर आपके भाग्य को संवार देंगे। निश्चित रूप से इनको खरीदने से आपका भाग्य संवरे या न

संवरे पर इनका भाग्य जरूर संवर जाएगा।

पायरा कार्ड

मेरा उन पायरा वास्तु के संस्थापक या पायरा वास्तुशास्त्रियों से यह कहना है कि अब तक जो विश्वभर में वैज्ञानिकों ने पिरामिड शक्ति का अध्ययन किया है उसमें यह शक्ति उन्होंने पिरामिड के अंदर ही पाई है न कि पिरामिड के बाहर। हमारे देश के इन पिरामिड के वास्तुशास्त्रियों ने तो वास्तव में एक नई खोज ही कर डाली कि पिरामिड की शक्ति इसकी बाहरी दीवार में होती है। इसीलिये यह एक–एक, दो–दो इंच साईज के प्लास्टिक एवं एक्रेलिक के पिरामिड लगाकर आसपास का वास्तुदोष दूर करते हैं। कुछ तथाकथित विद्वानों ने तो ठोस पिरामिड आकृति के रंगीन पत्थर पर फेंगशुई के पाकुआ यंत्र पर लगाते हैं जिसका नाम उन्होंने पिरामिड ग्रीड रखा है उनके अनुसार यह अत्यंत शक्तिशाली वास्तुदोष निवारक यंत्र बन जाता है। पिरामिड ग्रीड को लगाने से किसी भी किस्म का वास्तुदोष हो वह दूर हो जाता है। पायराविदों के दावों के अनुसार किसी का वास्तुदोष दूर हो या ना हो परंतु उनका खुद का आर्थिक संकट अवश्य दूर हो जाता है।

वैज्ञानिक प्रयोगों द्वारा यह प्रमाणित हो चुका है कि पिरामिड के अंदर विलक्षण ऊर्जा तरंगें लगातार काम करती रहती हैं, जो जीवित और निर्जीव दोनों ही प्रकार की वस्तुओं पर प्रभाव डालती हैं। वैज्ञानिकों ने पिरामिड की इन तरंगों को 'पिरामिड शक्ति' का नाम

दिया है। आप जानते ही होंगे जिस प्रकार रेडियो की तरंगों से टी.वी. नहीं चलाया जा सकता, और टी.वी. की तरंगों से मोबाईल नही चलाया जा सकता, जिस ऊर्जा से ट्रेन को चलाया जा सकता है उस ऊर्जा से कार को नहीं चलाया जा सकता। इससे स्पष्ट होता है कि विभिन्न प्रकार के कार्यो को करने के लिए अलग–अलग ऊर्जा का उपयोग किया जाता है। इसी प्रकार पिरामिड की ऊर्जा से वास्तुदोष को दूर नहीं किया जा सकता है। हां, ध्यान एवं चिकित्सा के क्षेत्र में इसका प्रयोग सदियों से किया जा रहा है, जो होता भी रहेगा।

पायराविदों की एक बात मुझे आज तक समझ में नहीं आई कि एक ओर तो वह यह कहते है कि पिरामिड में विशेष ऊर्जा का संचार होता है और दूसरी ओर उसी पिरामिड को अपने द्वारा विशेष पूजा करके चार्ज करने की बात कहते हैं। जब आप कार, स्कूटर, रेडियो, मोबाईल, टी.वी. इत्यादि किसी भी प्रकार की वस्तु खरीदते हैं तो क्या दुकानदार आपको देने के पहले उसे पूजा करके चार्ज करता है? अब आप सोचिए की इसका सच क्या है? पिरामिड चार्ज करने के पीछे सच्चाई यह है कि जब पायराविद् होशियारी से किसी को वास्तुदोष निवारण में पिरामिड के उपयोग के लिए तैयार कर लेता है तो ऐसे में पायराविदों के लिए पांच–दस रुपये की लागत वाले पिरामिड को ढाई सौ रुपये में बेचने के लिए चार्ज करने की बात अवश्यक हो जाती है। यदि पायराविद् पिरामिड को चार्ज करने के जाल में नहीं फसाएंगे तो लोग बाजार से 80–90 रुपये दर्जन की कीमत में मिलने वाले प्लास्टिक के पिरामिड खरीद कर अपने घर में स्थापित कर लेंगे। अब इससे आप समझ सकते हैं कि पिरामिड को चार्ज करने के लिए विशेष जोर क्यों दिया जाता है, और इसके पीछे उनका असली मकसद क्या है?

मैं वास्तु कंसल्टेंसी के सिलसिले में अब तक 40 से ज्यादा देशों की यात्रा कर चुका हूं और कई देशों में बार–बार आता जाता रहता हूं। आज तक मुझे भारत में या भारत के बाहर ऐसा आदमी नहीं मिला, जिसने कहा हो कि महत्त्वपूर्ण वास्तु दोष में पिरामिड के प्रयोग से उन्हें लाभ हुआ हो। भारत के साथ–साथ विदेशों में भी ऐसे कई

भारतीय अवश्य मिले, जिन्होंने बहुत महंगे दामों में पूजा–पाठ से चार्ज कर सिद्ध किये हुए पिरामिड खरीदकर दुकान, मकान, फैक्ट्री, ऑफिस इत्यादि में स्थापित किए पर किसी को भी फायदा नहीं हुआ।

उदाहरण के लिये किसी घर के नैऋत्य कोण में मुख्यद्वार हो, और द्वार के पास ही भूमिगत पानी का स्रोत जैसे कुंआ, बोर, अण्डर ग्राउण्ड वॉटर टैंक हो और घर के पीछे यानी ईशान कोण में टॉयलेट हो तो, यह एक महत्वपूर्ण वास्तुदोष है इस दोष के कारण उस घर में रहने वाले का जीवन सुखद हो ही नहीं सकता। ऐसे कई महत्वपूर्ण वास्तुदोष होते है जिनके कारण आर्थिक, मानसिक, और शारीरिक कष्ट, भय, अनहोनी, बदनामी, परिवार में कलह, संतानहीनता, बच्चों का गलत रास्तों पर चलना, लोगों से गंभीर वाद–विवाद होना, कोर्ट–कचहरी, इत्यादि गंभीर परेशानियां रहती हैं। ऐसी स्थिति में आप अपने मकान, दुकान, ऑफिस, फैक्ट्री इत्यादि में सामान्य पिरामिड, पूजा–पाठ द्वारा चार्ज एवं सिद्ध किये हुए पिरामिड, एक नहीं हजारों पिरामिड रख दीजिये या गाड़ दीजिये मेरा दावा है कि, उस घर में रहने वालों को एक नये पैसे का लाभ नहीं होगा।

वास्तुदोष निवारण में पिरामिड का उपयोग करने वाले दो चार प्रतिशत लोग ऐसे हो सकते हैं, जो यह कहें कि वास्तुदोष निवारण में पिरामिड के उपयोग से उन्हें लाभ हुआ है। निश्चित रूप से उन्होंने पिरामिड के उपयोग के साथ–साथ घर की बनावट में भी कुछ वास्तुनुकुल परिवर्तन किए होंगे। इसलिए उन्हें लाभ भवन की बनावट में वास्तुनुकुल परिवर्तन से हुआ न कि पिरामिड के उपयोग से। महत्त्वपूर्ण वास्तुदोष भवन की बनावट में वास्तु सुधार कर किए बिना दूर हो ही नहीं सकते। मैं अपने व्यक्तिगत अनुभव के आधार पर विश्वासपूर्वक कह सकता हूं कि, वह सभी लोग जो वास्तुदोष होने के कारण परेशान हों, यदि भवन की बनावट में वास्तुनुकुल परिवर्तन करते हैं तो उन सभी को निश्चित रूप से शत प्रतिशत लाभ प्राप्त होगा, न कि सिर्फ दो चार प्रतिशत को।

वास्तुशास्त्र एक विज्ञान है। अतः वास्तु दोषों का निवारण भी वैज्ञानिक तरीके से ही करना चाहिए। वास्तु दोष होने पर किसी भी प्रकार के टोने– टोटके, पूजा–पाठ, यंत्र–तंत्र–मंत्र, पिरामिड, श्री यंत्र,

कुछ गाड़ना या लगाना सब व्यर्थ होता है। यदि किसी मंदिर का वास्तु विन्यास ठीक न हो तो वहां भी ज्यादा लोग दर्शन करने नहीं जाते, मंदिर में चढ़ावा भी ठीक नहीं आता, जबकि स्वयं भगवान वहां विराजमान रहते हैं।

परिवार के सुखद एवं सरल जीवन के लिए जरूरी है कि वास्तुनुकुल प्लॉट पर वास्तुनुकुल मकान, दुकान, उद्योग इत्यादि का निर्माण किया जाए।

मैं आपकों एक महत्वपूर्ण सुझाव देना चाहूंगा, वह यह कि जब आप किसी वास्तुविद् या पायराविद् से सलाह लेने जाते हैं तो पहले यह जानकारी निकालिए कि उस विद्वान का एवं उसके परिवार के सदस्यों का जीवन कितना सरल और सुखद है। आर्थिक रूप से सम्पन्न होना जरूरी नहीं है किंतु उसके परिवार के रोजमर्रा के जीवन में सरलता होना आवश्यक है। जैसे भले धनवान न हो पर आर्थिक कष्ट न हो, परिवार में एकता हो, सुख–शांति हो, बच्चे तरक्की कर रहे हों, समाज में सम्मान हो इत्यादि। जो वास्तुविद् या पायराविद् अपने घर का वास्तुदोष दूर करके अपने परिवार का जीवन सरल एवं सुखद नहीं बना सकता तो वह किसी और का जीवन किस प्रकार से सरल व सुखद बना सकता है।

●●●

आस्था और वास्तु

विश्व की सभी सभ्यताओं में धार्मिक प्रतीकों के प्रति बड़ी आस्था है। भारतवर्ष में भी स्वस्तिक, ओम्, श्री, पंचागुलक हाथ, 786, ओंकार इत्यादि धार्मिक प्रतीकों के साथ–साथ विभिन्न प्रकार के यंत्र जैसे लक्ष्मी यंत्र, श्रीयंत्र, कुबेर यंत्र, काली यंत्र, सूर्य यंत्र इत्यादि के प्रति अत्यधिक आस्था एवं श्रद्धा है। दुनिया का हर धर्म ईश्वर या किसी

न किसी अलौकिक शक्ति पर विश्वास और उसके प्रति आस्था रखना सिखाता है। इन धर्मों की यह सीख सिर्फ कोरी बकवास नहीं है, बल्कि वास्तव में असर दिखाती है। आस्ट्रेलिया में किए गए एक सर्वे में पाया गया कि ईश्वर के प्रति आस्था वर्तमान जीवन में खुशहाली को बढ़ाता है। आस्ट्रेलिया मे एडिथ कोवेन यूनिवर्सिटी और डीकन यूनिवर्सिटी द्वारा किए गए 'द स्पिरिच्युअलटी एंड वेलबीइंग इन आस्ट्रेलिया ' नामक अध्ययन में पाया गया है कि जो लोग ईश्वर के प्रति आस्था रखते हैं, वे नास्तिकों की तुलना में ज्यादा खुशहाल होते हैं। ऐसे लोग जीवन के उद्देश्य के प्रति संवेदनशील होते हैं और ये समाज तथा अन्य व्यक्तियों का सहयोग भी करते हैं।

अधिकांश पढ़े–लिखे लोग समझते हैं कि अंधविश्वासी और कर्महीन लोग ही तावीज, रुद्राक्ष, अंगूठी, यंत्र आदि धारण करते हैं लेकिन सच्चाई यह है कि ऐसे प्रतीकों को पहनना वाकई लाभदायक है। इंग्लैंड के हर्टफोर्डशायर विश्वविद्यालय के

प्रोफेसर रिचर्ड वाइजमैन के नेतृत्व में कुछ शोधकर्त्ताओं ने तावीज, रुद्राक्ष, अंगूठी आदि धार्मिक प्रतीकों के लाभकारी पक्षों का आकलन किया। रिचर्ड वाइजमैन का कहना है कि, इसे पहनने से लोगों की नियति में वाकई सुधार आता है।

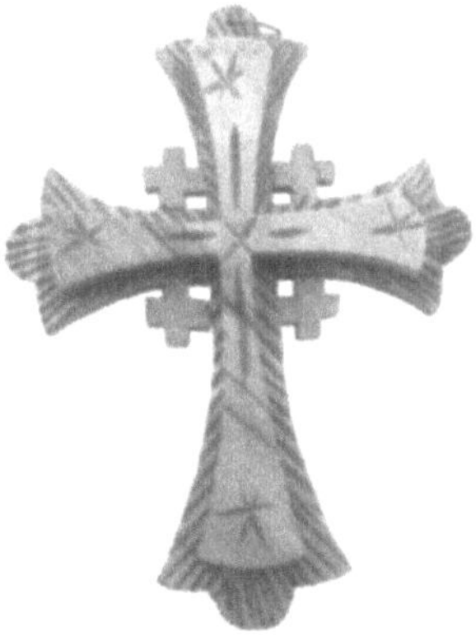

निश्चित ही इन प्रतीकों एवं यंत्रों का प्रयोग लाभदायक रहता है, उससे मानव की सकारात्मक सोच विकसित होती है। वे अपने भविष्य के प्रति ज्यादा आशावान होते हैं। इन प्रतीकों का उपयोग करने वाला व्यक्ति निराशा से मुक्ति पाता है व उसमें आत्मविश्वास की भावना जागृत होती है। आत्मविश्वास से प्रेरित होकर व्यक्ति अधिक मेहनत करता है जिससे उसकी कामयाबी का रास्ता खुलता चला जाता है।

पिछले 7–8 सालों से हमारे देश में वास्तुदोष निवारण में भी इन प्रतीकों का उपयोग जोर–शोर से किया जाने लगा है। जिसमें श्रीयंत्र, स्वस्तिक यंत्र, वास्तुदोष निवारक यंत्र, स्वस्तिक पिरामिड, सिद्ध गणपती, पंचमुखी हनुमान इत्यादि प्रमुख प्रतीक के रूप में उपयोग में लाये जाते हैं। इन भारतीय प्रतीकों के साथ–साथ फेंग शुई के माध्यम से आये चीन के कुछ प्रतीक जैसे लॉफिंग बुद्धा, डबल हैप्पीनेस सिम्बल, फुक–लुक–शु, तीन टांग का मेढक, लकी क्वाइन इत्यादि के

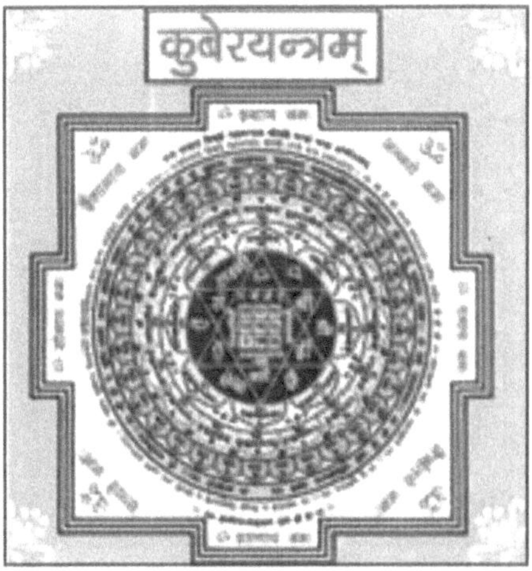

कुबेर यंत्र

श्रीयंत्र

उपयोग का चलन भी खूब चल रहा है। यह प्रतीक चाहे सिद्ध किए हों या न हो, वास्तुदोष निवारण में यह कोई विशेष उपयोगी नहीं होते हैं। जैसे किसी गम्भीर रोग में डॉक्टर अपने मरीज को ठीक करने के लिए उस रोग से संबंधित दवाई देता है साथ ही ताकत के लिए मरीज को विटामिन की गोली भी देता है। उसी प्रकार महत्त्वपूर्ण वास्तुदोषों में धार्मिक आस्था के प्रतीक केवल विटामिन की गोलियों की तरह होते हैं।

काली यंत्र

क्या, केवल विटामिन की गोली से किसी गम्भीर रोग को दूर किया जा सकता है? बिल्कुल नहीं। ठीक उसी प्रकार महत्त्वपूर्ण वास्तुदोषों को भी उपरोक्त प्रतीकों के प्रयोग से दूर नहीं किया जा सकता है। महत्त्वपूर्ण वास्तुदोषों को दूर करने के लिए भवन

की बनावट में ही आवश्यक्तानुसार छोटे–बड़े परिवर्तन करने पड़ते हैं। तभी समस्या का पूर्णरूप से निराकरण हो पाता है।

उदाहरण के तौर पर, उदाहरण के लिए किसी घर के पूर्व आग्नेय में घर एवं कम्पाऊण्ड वॉल के द्वार हों और आग्नेय कोण में ही भूमिगत पानी की टंकी हो तो उस घर में रहने वालों के मध्य निश्चित रूप से आपसी विवाद एवं कलह रहेगी। परिवार के सदस्य के बीच मतभेद भले न हो पर मतभेद अवश्य होगें। वे एक दूसरे के लिए मरने को तैयार हो जाएंगे, परंतु एक दूसरे की बात मानने को बिल्कुल तैयार नहीं होंगे। इस प्रकार के दोष युक्त घर में रहने वालों की बाहर के लोगों के साथ भी विवाद एवं कोर्ट कचहरी की नौबत आती रहती है। इस दोष को दूर करने के लिए एक नहीं सैकड़ो पिरामिड लगा लें, चाहे वह पिरामिड सामान्य हो या चार्ज किए हुए हों, प्लास्टिक, तांबा, पारद या अन्य किसी भी पदार्थ के बने हो परंतु इससे उपरोक्त समस्या में एक नए पैसे का भी लाभ नहीं होगा। ऐसे वास्तु दोष को दूर करने के लिए घर एवं कम्पाऊण्ड वॉल के द्वार पूर्व आग्नेय में दीवार खड़ी करके बंद करने होगें और दोनों द्वार पूर्व ईशान में बनाने होगें। साथ

सूर्य यंत्र

पूर्व आग्नेय स्थित भूमिगत पानी की टंकी को पूरी तरह से मिट्टी डालकर बंद करना होगा एवं नई टंकी पूर्व ईशान में बनानी होगी। इस परिवर्तन से परिवार के मध्य एवं बाहरी लोगों से होने वाले विवाद तो निश्चित समाप्त होंगे ही, साथ ही परिवार तेजी से आर्थिक उन्नति करता हुआ सुखद एवं सरल जीवन व्यतीत करने लगेगा।

महत्वपूर्ण वास्तुदोष निवारण का महत्त्व आप इस प्रकार समझ सकते हैं कि, 1 की संख्या के आगे एक शून्य लगाया जाए, तो वह संख्या 10 हो जाएगी, दो शून्य लगाए जाएं तो 100 हो जाएगी, तीन शून्य लगाने पर 1000 हो जाएगी, इसी प्रकार प्रत्येक शून्य लगाने पर वह संख्या दस गुना बढ़ती जाएगी। परन्तु यदि अंक 1 की संख्या न हो तो कितने ही शून्य क्यों न लगे हों, सभी शून्य ही रहेंगे। अतः संख्या 1 का होना बहुत जरूरी है। इसी प्रकार महत्त्वपूर्ण वास्तुदोष के निवारण का महत्त्व संख्या 1 के बराबर है और आस्था के प्रतीकों का महत्त्व 0 शून्य के बराबर है। यह तय है कि अच्छे वास्तु में ही यह प्रतीक सोने पे सुहागा का काम करते हैं।

•••

वैष्णो देवी का मंदिर है वास्तु की अनूठी धरोहर

पवित्र भारत भूमि का कण कण देवी–देवताओं के चरण रज से पवित्र है। इसलिए भारत में हर जगह तीर्थ है। परन्तु कुछ तीर्थ ऐसे हैं जो भारत ही नहीं पूरे विश्व की धर्मप्राण जनता को अपनी ओर आकर्षित करते हैं। इन तीर्थो के दर्शन हर वर्ष लाखों स्त्री–पुरुष करते हैं, और अपना जीवन सफल बनाते हुए अपनी मनोकामनाओं का वांछित फल पाते हैं। इनमें से ही एक तीर्थ है जम्मू के पास स्थित माता वैष्णों देवी का दरबार! यहां महालक्ष्मी, महासरस्वती और महाकाली तीन भव्य पिण्डियों के रूप में विराजमान है।

चाहे गर्मी हो, सर्दी हो या चाहे बरसात हो! माता वैष्णो देवी के दरबार में 365 दिन और चौबीसों घंटे हमेशा ही भक्तों का मेला लगा रहता है और खासकर नवरात्रों के समय तो भक्तों की भीड़ इतनी ज्यादा बढ़ जाती है कि इस दौरान मां के दर्शन करने के लिए भक्तों को तीन से चार दिन तक का इंतजार भी करना पड़ता है। यहां आस्था से लबरेज धर्मप्राण जनता ही नहीं वरन सभी आयु वर्गों के लोग बच्चे, बूढ़े, जवान, नवविवाहित युगल, माता के दरबार में

पूर्व

पश्चिम

दर्शन करने आते हैं। आखिर ऐसा क्या आकर्षण है मां के इस मंदिर में? सम्पूर्ण भारत में मां के मंदिर तो और भी कई जगह हैं, पर मां के इस मंदिर में इतनी रंगत क्यों? इसका कारण है इस मंदिर की भौगोलिक स्थिति का भारतीय वास्तुशास्त्र एवं चीनी वास्तुशास्त्र फेंगशुई के सिद्धांत के अनुरूप होना।

वास्तु के सिद्धांत

- ☐ त्रिकुट पर्वत पर स्थित मां का भवन (मंदिर) पश्चिम मुखी है जो समुद्रतल से लगभग 4800 फीट ऊंचाई पर है। मां के भवन के पीछे पूर्व दिशा में पर्वत काफी उंचाई लिए हुए है और भवन के ठीक सामने पश्चिम दिशा में पर्वत काफी गहराई लिए हुए है जहां त्रिकुट पर्वत का जल निरंतर बहता रहता है।
- ☐ भवन की उत्तर दिशा ठीक अंतिम छोर पर पर्वत में एकदम उतार होने के कारण काफी गहराई है। यह उत्तर दिशा में विस्तृत गहराई पूर्व से पश्चिम की ओर बढ़ती गई है।
- ☐ भवन के दक्षिण दिशा में पर्वत काफी ऊंचाई लिए हुए है जहां

दरबार से ढाई किलोमीटर दूर भैरव जी का मंदिर है समुद्रतल से इसकी ऊंचाई 6583 फीट है और यह ऊंचाई लगभग पश्चिम नैऋत्य तक है जो भवन से हाथी मत्था के मध्य बायं हाथ पर स्थित पहाड़ी पर बना है।

- गुफा का पुराना प्रवेश द्वार जो कि काफी संकरा (तंग) है। लगभग दो गज तक लेटकर या काफी झुककर आगे बढ़ना पड़ता है, तत्पश्चात लगभग बीस गज लम्बी गुफा है। गुफा के अंदर टखनों की ऊंचाई तक शुद्ध जल प्रवाहित होता है। जिसे चरण गंगा कहते हैं। वास्तु का सिद्धांत है कि जहां पूर्व में ऊंचाई हो और पश्चिम में निरंतर जल हो या जल का प्रवाह हो वह स्थान धार्मिक रूप से ज्यादा प्रसिद्धि पाता है।
- आज से लगभग 26–27 वर्ष पूर्व प्रवेश द्वार संकरा होने के कारण दर्शनार्थियों को आने जाने में काफी समय लगता था और अन्य यात्रियों को बहुत देर तक प्रतीक्षा करनी पड़ती थी जिस कारण सीमित संख्या में लोग दर्शन कर पाते थे। तब भवन की उत्तर ईशान कोण वाले भाग में सन् 1977 में दो नई गुफाएं बनाई गईं इनमें से एक गुफा में से लोग दर्शन करने अंदर आते हैं और दूसरी गुफा से बाहर निकल जाते हैं इन दोनों गुफाओं के फर्श का ढाल भी उत्तर दिशा की ओर ही है। यह दोनों ही गुफाएं भवन में ऐसे स्थान पर बनी जिस कारण इस स्थान की वास्तुनुकुलता बहुत बढ़ गई है। फलस्वरूप इस मंदिर की प्रसिद्धि में चार चांद लग गए हैं, इन गुफाओं के बनने के बाद इस स्थान पर दर्शन करने वालों की संख्या पहले की तुलना में कई गुना बढ़ गई है, और वैभव भी बहुत बढ़ गया है।

फेंगशुई के सिद्धांत

फेंगशुई का सिद्धांत है कि, किसी भी भवन के पीछे की ओर ऊंचाई हो, मध्य में भवन हो तथा आगे की ओर नीचा होकर वहां जल हो, वह भवन प्रसिद्धि पाता है और सदियों तक बना रहता है। इस सिद्धांत में किसी दिशा विशेष का का महत्व नहीं होता है।

मां वैष्णों देवी भवन के पूर्व में त्रिकुट पर्वत की ऊंचाई है। मंदिर के अंदर मां की पिण्डी के आगे पश्चिम दिशा में चरण गंगा हैं जहां हमेंशा जल प्रवाहित होता रहता है। भवन के बाहर सामने पश्चिम दिशा में पर्वत में काफी ढलान है जहां पर पर्वत का पानी निरंतर बहता रहता है।

इस प्रकार माता वैष्णों देवी का दरबार वास्तु एवं फेंगशुई दोनों के सिद्धांतों के अनुरूप है। इसी कारण यह दरबार विश्व में प्रसिद्ध है। इन्हीं विशेषताओं के कारण ही यहां भक्तों का तांता लगा रहता है, खूब चढ़ावा आता है और भक्तों की मनोकामना भी पूर्ण होती है।

●●●

आखिर क्यों घट गई खजराना गणेश मन्दिर में दर्शनार्थियों की संख्या?

खजराना गणेश मन्दिर, इन्दौर

जब भी कोई स्थान वैभव एवं प्रसिद्धि पाता है तो निश्चित रूप से वह स्थान वास्तु अनुकूल होता है। इसका एक सुन्दर उदाहरण हैं इन्दौर स्थित प्रसिद्ध खजराना गणेश मन्दिर। यह मन्दिर इंदौर और इसके आसपास के क्षेत्रों में बहुत प्रसिद्ध है। इस प्रसिद्धि में इस मंदिर का वास्तु अनुकूल होना इसका मुख्य कारण है। इस स्थान की प्रसिद्धि धार्मिक कारण से हुई क्योंकि इस स्थान के पश्चिम भाग में एक कुआं हैं। वास्तु का सिद्धांत है कि जिस भवन के पश्चिम में भूमिगत पानी का स्त्रोत होता है वहां धार्मिकता होती हैं। उज्जैन स्थित महाकाल मंदिर में भी पश्चिम में ही जलकुण्ड

है और वैष्णव देवी में भी पश्चिम दिशा में ही पहाड़ों का पानी बहता है।

आज से लगभग चार–पांच वर्ष पूर्व तक मन्दिर की लोकप्रियता इतनी थी, कि दूर–दूर से यहां प्रति बुधवार हज़ारों श्रद्धालु दर्शन करने आया करते थे। दर्शन के लिये लोग लम्बी–लम्बी कतारों में खड़े होकर घंटों इंतजार करते थे। खूब चढ़ावा चढ़ाते थे, मन्नतें मांगते थे। मन्दिर की आय भी असीमित थी। किन्तु आज वह बात नहीं है। आज यहां बिना लाईन में लगे दर्शन हो जाते हैं क्योंकि आज से लगभग पांच वर्ष पूर्व मन्दिर प्रांगण के सौन्दर्य एवं सुविधाएं बढ़ाने के लिये यहां निर्माण कार्य किए गए। यह निर्माण कार्य कुछ इस प्रकार हुए कि मन्दिर की वास्तु अनुकूलता कम हुई व वास्तुदोष उत्पन्न हो गये जिनके परिणामस्वरूप मन्दिर की आय व यहां आने वाले श्रद्धालु की संख्या पांच वर्ष पूर्व की तुलना में कम हो गयी है। पुजारी परिवार के आपसी विवादों के कारण आज यह मन्दिर शासन के नियंत्रण में है और अब इसकी देखरेख शासन द्वारा की जा रही है।

निर्माण कार्य के दौरान जो वास्तुदोष यहां उत्पन्न हुए वे इस प्रकार हैं–

- मन्दिर का ईशान कोण पहले 90 डिग्री का था जिसे गोल कर दिया गया और मुख्यद्वार को आगे बढ़ाकर बनाया गया जिसके कारण ईशान कोण कट गया। ईशान कोण का कटना भी एक महत्वपूर्ण वास्तुदोष है।
- जिस कुण्ड का जल पहले इतना साफ था की श्रद्धालु उस जल का आचमन करते थे। आज हारफूल, अगरबत्ती, प्लास्टिक इत्यादि का डस्टबिन बनकर रह गया है। इससे मंदिर का चढ़ावा बहुत कम हो गया।
- मन्दिर परिसर के पूर्व से उत्तर दिशा में बहने वाला नाला जो कुछ सालों पहले काफी चौड़ा था और जिसमें साफ पानी बहता था आज बढ़ते अतिक्रमण के कारण, काफी संकरा होते हुए यह गंदा नाला रह गया जिसके कारण मन्दिर की आय

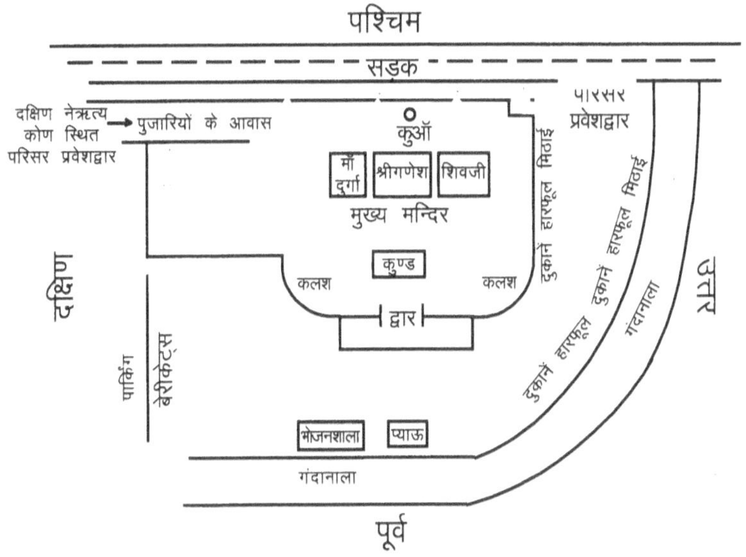

खजराना गणेश मन्दिर, इन्दौर

में ऋणात्मक परिवर्तन हुए। वास्तु एवं फेंगशुई सिद्धांतों के अनुसार स्वच्छ पानी को सम्पत्ति माना गया है।

- मन्दिर परिसर में आने के लिये दक्षिण नैऋत्य में एक मार्ग है, जहां से लोग अपनी नई खरीदी गयी कार, स्कूटर या अन्य वाहन लेकर पूजा करवाने लाते हैं। इस दक्षिण नैऋत्य की सड़क इस मन्दिर भवन के लिये अशुभ वीथीशुला है यह एक अत्यंत महत्त्वपूर्ण वास्तुदोष है। किसी भी भवन में नैऋत्य कोण का द्वार एक महत्त्वपूर्ण वास्तुदोष होता है।
- जो निर्माण मन्दिर की पूर्व दिशा एवं ईशान कोण में हुआ है। साथ ही उत्तर एवं पूर्व दिशा में प्रसाद एवं फलफूल इत्यादि की दुकानों के निर्माण के कारण पूर्व आग्नेय दिशा खुली एवं हल्की हो गयी जो कि, मन्दिर के पुजारियों के आपसी विवाद का कारण बनी।

यदि उपरोक्त वास्तुदोषों को दूर कर सुधार कर दिया जाए तो निश्चित ही यह स्थान पुनः अपनी खोई हुई प्रसिद्धि प्राप्त कर सकता है।

वास्तुदोष में कितने कारगर हैं फेंगशुई को टोटके?

इन दिनों भारत के छोटे–बड़े कस्बे से लेकर महानगरों के शॉपिंग मॉल फेंगशुई के आर्टिकल से भरे पड़े हैं। आज हर वर्ग का व्यक्ति फेंगशुई के टोटकों से अपनी किस्मत को चमकाने के लिए इन्हें आजमाने में लगा है। चीन के कुटीर उद्योगों में बनाए जाने वाले इन आर्टिकल्स पर खुद चीन के लोग इतना विश्वास नहीं करते जितना

आज भारत के लोग इन पर करने लगे है। फेंगशुई के जानकार एवं दुकानदार इनकी मनगढंत अतिरंजित विशेषताएं समझाकर सामान्य कीमत की वस्तु को कई गुना मंहगे दामों में बेचते हैं और खूब मुनाफा कमाते हैं।

भारत में फेंगशुई के विभिन्न आर्टिकल्स जैसे लॉफिंग बुद्धा, विंडचाईम, क्रिस्टल, कछुआ, मुंह में सिक्का दबाए तीन टांग का मेंढ़क, बतख का जोड़ा, एज्यूकेशन टॉवर, लाल धागे में बंधे तीन सिक्के इत्यादि बहुत ज्यादा प्रसिद्ध हैं। विक्रेता इन्हें बेचते वक्त इनकी बढ़ा–चढ़ाकर तारीफ इस प्रकार करता है जैसे लॉफिंग बुद्धा के बारे में कहता है कि यह अपने भरी भरकम पेट में परिवार के सारे दुखों को उदरस्त कर लेगा, बतख का जोड़ा दाम्पत्य जीवन को बिखरने नहीं देगा, सुनहरी मछलियां धन का आगमन करेंगी। ऐसा माना जाता है कि मरीज के कमरे में कछुआ रखने से मरीज की आयु बढ़ती है। विंडचाईम घर में लगाने से किस्मत में चार चांद लग जाएंगे, पढ़ाई की टेबल पर एज्यूकेशन टॉवर रखने से बच्चे अच्छे नम्बर से पास होंगे, लाल

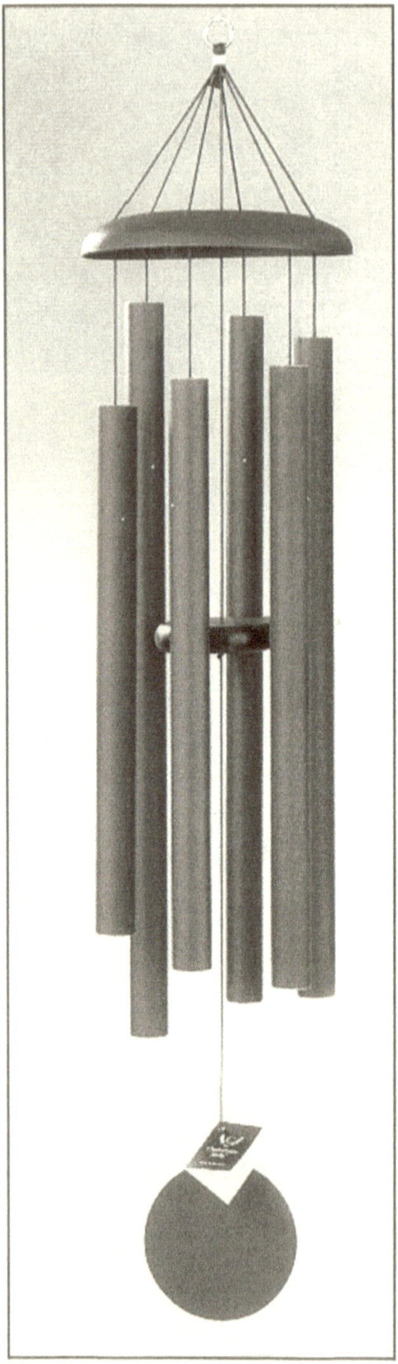

धागे में बंधे तीन सिक्के रखने से घर की तिजौरी कभी खाली नहीं होगी इत्यादि। लोग इन्हें अपने घर के लिए खरीदते हैं और साथ ही इन्हें गिफ्ट के रूप में देने का प्रचलन भी खूब चल रहा है। लोग इन्हें आजमाने में भी संकोच नहीं करते। कई लोग यह सोचकर ही खरीद लेते हैं कि इससे लाभ हुआ तो ठीक है वरना यह घर की शोभा ही बढ़ाएंगे।

हम भारतीय में वास्तुदोष दूर करने और सुख समृद्धि के साथ अच्छे रहन–सहन की आकांक्षा रखते हुए फेंगशुई के इन आर्टिकल्स का उपयोग बिना इनकी सत्यता और उपयोगिता जाने टोटकों के रूप में कर रहे हैं। सच्चाई यह है कि महत्त्वपूर्ण वास्तुदोषों में इन आर्टिकल्स की कोई उपयोगिता नहीं है। चीनी वास्तुशास्त्र फेंग शुई में दो पद्धतियों का प्रयोग होता है। एक कम्पास पद्धति, जिसमें चाइनीज कंपास लियोपान (Luo pan) का प्रयोग किया जाता है। जिसमें किसी भी व्यक्ति की जन्म तिथि के

आधार पर उस व्यक्ति का कुआं नम्बर निकाला जाता है और कुआं नम्बर के आधार पर शुभ–अशुभ दिशाओं का निर्धारण कर मकान में बेडरूम, ड्राईंगरूम, किचन, टॉयलेट बाथरूम, दरवाजे, खिड़कियों इत्यादि का निर्माण किया जाता है चमत्कारी वर्ग पर आधारित दूसरी पद्धति पा–कुआ

(PA-KUA) होती है, जिसमें हर वास्तु को आठ भागों में बांटा जाता है, जो भवन के मुख्य द्वार या कमरे के द्वार पर आधारित होती है।

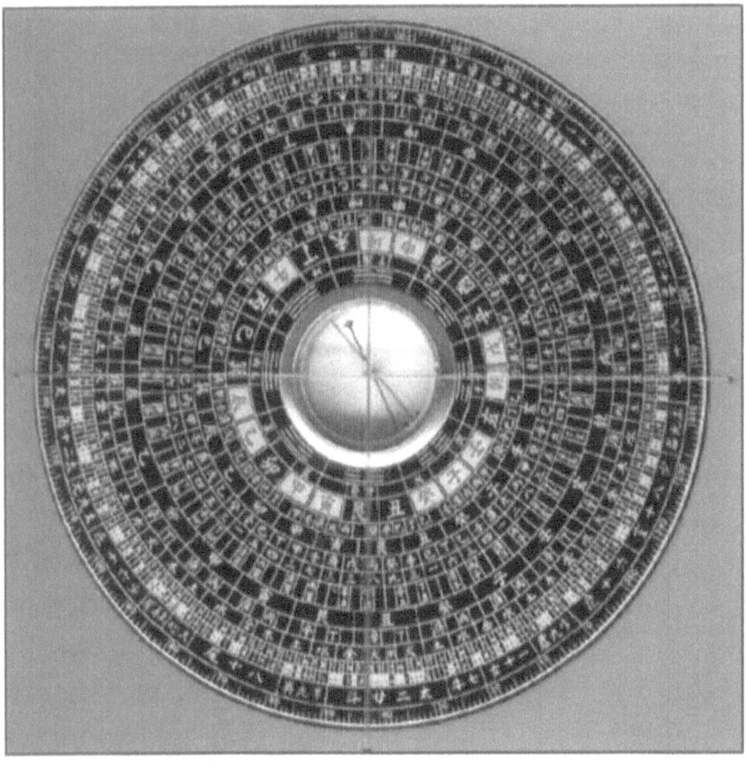

चाइनीज कम्पास लियो पान (**Luo Pan**)

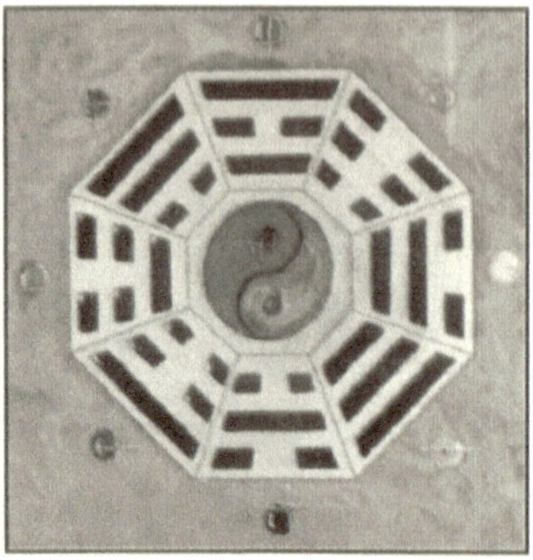

इस पद्धति में जहां द्वार होता है, वह दिशा हमेशा उत्तर दिशा मानी जाती है। इस पा–कुआ (PA-KUA) पद्धति में किसी भी प्रकार के कंपास का उपयोग नहीं होता है। सामान्य समस्याओं में इस पद्धति में सरलता से उपयोग कर लाभ प्राप्त किया जाता है। विषय की अज्ञानता एवं उपयोग में सरलता के कारण आजकल भारत में यही पद्धति लोकप्रिय हो रही है। यह सभी आर्टिकल पा–कुआ पद्धति के आधार पर उपयोग में लाए जा रहे है। फेंगशुई की लियो–पान कंपास पर आधारित पद्धति भारतीय वास्तुशास्त्र की पद्धति के समान है। इन दोनों को हम इस प्रकार समझ सकते हैं कि

जिस तरह बीमारी में स्वास्थ्य लाभ के लिए एक पद्धति होम्योपैथी है तो दूसरी एलोपैथी। यहां ध्यान देने योग्य बात यह है कि जिस प्रकार एलोपैथी होम्योपैथी से उत्कृष्ट है इसी प्रकार भारतीय वास्तुशास्त्र भी फेंगशुई से ज्यादा परिष्कृत है। फेंगशुई में व्यक्ति विशेष की जन्म तिथी पर कुआ नम्बर निकालकर उसका घर का

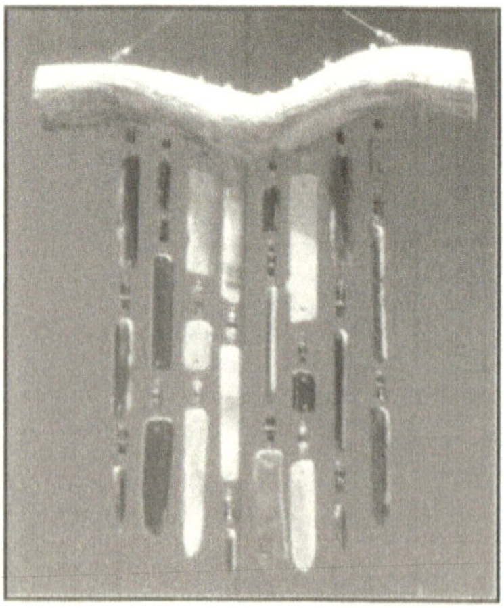

मुख्यद्वार एवं कमरे का द्वार लगाया जाता है फर्नीचर स्थापित किया जाता है। पर यदि उसका उपयोग कोई दूसरा व्यक्ति करना चाहे तो वह उसके लिए बिल्कुल अनुकूल नहीं होगा। इसके विपरित भारतीय वास्तुशास्त्र में जो निर्माण कार्य किया जाता है वह किसी व्यक्ति विशेष के आधार पर नहीं होता। वास्तुशास्त्रानुसार बने भवन का कोई भी व्यक्ति

बिना कोई परिवर्तन किए उपयोग कर सकता है चाहे वह दादा हो या पोता, औरत हो या आदमी, नौकर हो या मालिक, मकान मालिक हो या किरायेदार इससे कोई फर्क नहीं पड़ता।

फेंगशुई की पा–कुआ पर आधारित दूसरी पद्धति हमारे भारतीय मांगलिक चिन्हों की तरह है। परंतु यहां भी हमारी भारतीय पद्धति इससे कहीं ज्यादा सटीक एवं समृद्धशाली है। ध्यान रहे डिसीज और डिसएबिलिटी में बड़ा अंतर होता है। डिसीज (बीमारी) दवाईयों के द्वारा ठीक की

जा सकती है, परन्तु फिजिकल डिसएबिलिटी (शारीरिक विकलांगता) नहीं। फिजिकल डिसएबिलिटी ठीक करने के लिए ऑपरेशन ही करने पड़ते हैं। उसी प्रकार महत्वपूर्ण वास्तुदोष डिसएबिलिटी की केटिगरी में ही आते हैं जिन्हें बिना तोड़फोड़ के दूर करना असंभव होता है और साधारण वास्तुदोष डिसीज की केटिगरी में आते हैं इन दोषों से उत्पन्न होने वाली नकारात्मक ऊर्जा को यह आर्टिकल समाप्त कर सकारात्मक ऊर्जा प्रवाहित करते हैं।

फेंगशुई की उत्पत्ति चीन में हुई है। फेंगशुई के ज्यादातर आर्टिकल्स सिम्बॉलिक हैं। जैसे विद्या के लिए एज्यूकेशन टॉवर है, पैसे के लिए लॉफिंग बुद्धा के सिर पर रखी हुई पोटली है, लम्बी उम्र के लिए कछुआ इत्यादि है। हमारी भारतीय संस्कृति बहुत ही समृद्ध है। हमारे यहां बुद्धि के लिए गणेशजी है, गणेशजी का मंत्र पढ़ने एवं स्मरण करने से विद्या लाभ मिलता है। धन के लिए

धन की देवी लक्ष्मी है, जिसकी पूजा करने से धन प्राप्ती होती है, तिजोरी में लक्ष्मी एवं गणेश जी की छाप वाला चांदी का सिक्का रखने से तिजोरी में बरकत बनी रहती है, भय दूर करने के लिए हनुमान जी हैं। हनुमान चालीसा पढ़ने से या हनुमान जी का ताबीज धारण करने से भय दूर होता है। हमारे यहां पति की लम्बी आयु के लिए सावित्री पूर्णिमा का व्रत रखकर वटवृक्ष की पूजा अर्चना की जाती है क्योंकि वटवृक्ष की आयु 200 से 300 वर्ष मानी गई है। फेंगशुई में नकारात्मक ऊर्जा को नष्ट करने के लिए विंडचाईम लगाने की सलाह दी जाती है तो हमारे यहां भी पूजा आरती करते वक्त घंटी एवं ताली बजाई जाती है। फेंगशुई में मुख्यद्वार पर सकारात्मक ऊर्जा बढ़ाने के लिए दरवाजे पर फूलों का गुलदस्ता, इत्यादि लगाने की सलाह देते हैं और हमारे यहां मुख्यद्वार ओम्, स्वास्तिक, शुभ लाभ इत्यादि बनाने व लिखने की एवं वंदनवार लगाने की परंपरा है इससे एक कदम आगे हमारे यहां मुख्यद्वार के आगे रंगोली बनाने की भी परंपरा है। जो भरपूर मात्रा में सकारात्मक ऊर्जा को अपनी ओर आकर्षित करती है।

फेंगशुई के जितने भी आर्टिकल आज भारत में बिक रहे हैं उनमें से ज्यादातर चीन के धार्मिक एवं सांस्कृतिक आस्था के प्रतीक हैं। इन प्रतीकों का उपयोग किस लिए किया जा रहा है यह चीन के निवासी अच्छी तरह से जानते हैं क्योंकि उन्हें अपनी संस्कृति एवं धर्म के बारे में सही जानकारी होती है। जबकि इसके विपरीत हम भारतीय उनके प्रतीकों के महत्व को नहीं जानते। हम हमारे भारतीय संस्कृति के प्रतीकों का अर्थ अच्छी तरह से समझते हैं। हम अपने प्रतीक चिन्हों का उपयोग करते वक्त यह भी समझते हैं कि उनसे हमें क्या लाभ होगा और यह समझा हुआ अर्थ ही हमारे विश्वास और आस्था को बढ़ता है और इस बढ़ी हुई आस्था और विश्वास के बल पर हम अपने कार्य क्षेत्र में अत्यधिक उत्साह और उमंग के साथ कार्य करते है और उचित शुभ परिणाम प्राप्त करते हैं।

•••

पिरामिड विशेषज्ञों की भ्रामक खोजें

जैसा कि इस किताब के पिछले पन्नों में लिखा है कि मेरा इस किताब को लिखने का मुख्य उद्देश्य वास्तुदोष निवारण में पिरामिड के हो रहे दुरुपयोग से आप सभी को रूबरू करवाना है। इस शीर्षक के अंतर्गत आपको मैं पायराविदों की ऐसी खोजों से अवगत करवाना चाहता हूं, जो उन्होंने अपने दिमाग की परिकल्पनाओं से तैयार की है। जिसका व्यापक प्रचार कर दुखी एवं भोली–भाली जनता को अपने जाल में फंसाकर उनके साथ धोखा करते हैं। पायराविद् पिरामिड का उपयोग केवल बिना तोड़फोड़ के वास्तुदोष निवारण में ही नहीं करते, इसके अलावा उन्होंने किसी भी प्रकार के ग्रहों से कष्टों को दूर करने के लिए भी सैकड़ों तरह के शक्तिशाली पिरामिड यंत्र बना डाले हैं। जिस तरह झोला छाप डॉक्टर सामान्य से लेकर गंभीर लाईलाज बीमारी तक के अचूक इलाज के ऊंचे–ऊंचे दावे करते हैं उसी प्रकार पायराविद् भी किसी भी प्रकार के वास्तुजन्य कष्ट को दूर करने के ऊंचे–ऊंचे दावे करते हैं। पायराविद पिरामिड से होने वाले फायदे को

इतना बढ़ा–चढ़ाकर बताते है कि उससे तो ऐसा लगता है कि यदि किसी भारी भरकम पिरामिड के अंदर मृत व्यक्ति को रख दिया जाए तो उसमें भी प्राणों का संचार हो जाएगा। पायराविदों के दावो को पढ़कर निश्चित ही आपको हंसी आएगी। साथ ही आप इनकी होशियारी या इनके अल्पज्ञान पर आप चकित हो उठेंगे। पायरावास्तु की विलक्ष्ण खोजों की जानकारी मुझे विभिन्न पायराविदों द्वारा लिखी गई किताब, वास्तु और ज्योतिष की मासिक पत्रिकाओं एवं उनकी वेबसाईट से प्राप्त होती रहती है। तो कुछ जानकारी भुक्तभोगियों से भी मिली हैं। पायराविदों की आम जनता को भ्रम जाल में फंसाकर उनकी जेबों को ढीली करने वाली कुछ खोजों के उदाहरण इस प्रकार हैं–

मेरा उद्देश्य किसी व्यक्ति विशेष की बुराई करना नहीं है। केवल आपकी जानकारी के लिए जो कुछ उदाहरण दे रहा हूं, इसलिए किसी भी पायराविद् का नाम या जानकारी के स्रोत का उल्लेख नहीं कर रहा हूं। यह सत्य है कि जिनके उदाहरण दे रहा हूं ये सभी स्थापित पायराविद् हैं जो सुनियोजित ढंग से भ्रामक प्रचार कर वास्तुदोषों के कारण परेशान हो रहे लोगों के साथ अपने लोभ–लालच के लिए छल कर रहे हैं।

आइए देखते पायराविद् किस प्रकार से भ्रम फैलाकर लोगों की जेबें ढीली करने में लगे हुए हैं।

ध्यान रहे इन विद्वानों की महान खोजों की जानकारी के बाद दी गई टिप्पणियां वास्तुगुरु श्री कुलदीप सलूजा द्वारा की गई है।

● इस पायराविद् का कहना है कि वास्तुदोष दूर करने के लिए पिरामिड का प्रयोग करें। इन्होंने वास्तुदोष के साथ–साथ जीवन की अन्य समस्याओं के समाधान के लिए भी विभिन्न प्रकार के पिरामिडों के यंत्र तैयार किए हैं, जो इस प्रकार है–

पिरामिडों का वर्गीकरण

P1 9x9 निजी लघु पिरामिड चिप समूह (Wish Pyramid) (उद्देश्य प्राप्त करने में सहायक)।

बच्चों को पढ़ाई में रुचि तथा एकाग्रता देने वाला भय नाशक। अपने क्षेत्र में अभूतपूर्व विकास में सहायक। यह पिरामिड प्रयोगकर्ता द्वारा अपनी छोटी फोटो के साथ रखने से आत्मविश्वास में वृद्धि करता है।

P2 9x9 निजी पिरामिड समृद्धि के लिए (Pyramid Cone)

(विषाक्त/हानिकारण प्रभावों को कम करता है)।

ब्लेड तथा बैटरी सैल भी पुनः उर्जित किये जा सकते हैं।

P3 9x9 निजी पिरामिड चिप समूह (Bed Set)

P3-B बैड को उर्जित करने के लिए (Bed Set)

P3-R वास्तु दोष निवारण के हेतु (Door Set)

P3-B संपूर्ण शैया को ऊर्जायुक्त बनाने से पलंग के नीचे सामान रखे होने से अथवा तनाव व चिंता द्वारा भरपूर नींद न आने की शिकायत दूर होती है। कम समय सोकर भी व्यक्ति चुस्त व फुर्तीला बना रहता है।

P3-R कमरे के गलत द्वार, अनियमित बनावट तथा द्वारवैध वास्तुदोष कम करने में सहायक। कमरे के साथ लगे शौचालय व रसोई द्वार अव्यवस्थित होने वाली ऊर्जा का पुनः संचार होता है।

P4 9x9 (Tele-Love)

अति गत्यात्मक पिरामिड यंत्र – उन्नति के लिए। दोनों की इकट्ठा फोटो पिरामिड के बीच में रखने से दंपतियों/साझेदारों में अभूतपूर्व सामंजस्य पैदा करने में सहायक होता है। तलाक लेने का विचार रखने वाले दंपति पुनः प्रेमपूर्वक समझदारी से जीवन का आनंद लेते देखे गए। यह यंत्र मन के भय, घबराहट, झिझक, संशय दूर करने में बेजोड़ सिद्ध हुआ है।

P5 9x9 (Sleep pyramid/Study pyramid)

अति गत्यात्मक पिरामिड यंत्र बीमर के साथ – मानसिक शांति के लिए।

(मनन/ध्यान, निद्रा संतुलन और उत्तेजनापूर्ण जीवन के तनाव को कम करने में सहायक)

कुर्सी में गद्दी के नीचे रखने से कार्य क्षमता में बढ़ोतरी होती है। तकिए के नीचे रखकर सोने से तनाव व चिंता कम होती है। गहरी थकान नाशक नींद में सहायक रहता है। बच्चों का पढ़ाई में मन लगता है।

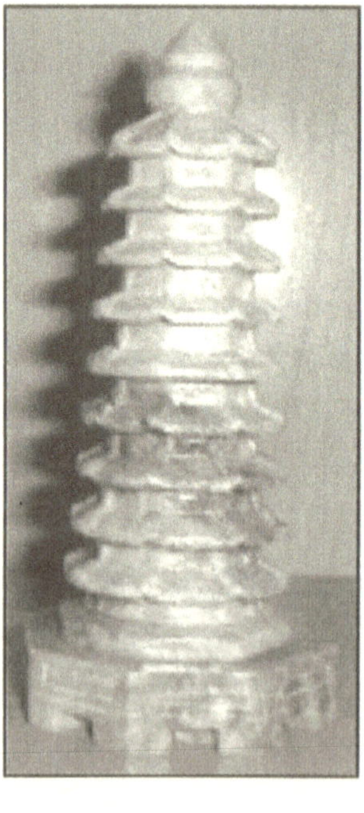

P6 9x9 (Positive Energy Enhancer)

अति गत्यात्मक रंगीन पिरामिड कोन (व्यवसायियों जैसे डॉक्टर, रेकी मास्टर, प्रानिक उपचारक, चार्टड अकाउन्टैन्ट, इंटीरियर डेकोरेटर, जयोतिषी और वास्तु/फेंगशुई सलाहकार की क्षमता/दक्षता में सुधार के लिए उपयुक्त)

कमरे में रखने से सारा कमरा शक्ति से भरपूर हो जाता है। नये–नये महत्वपूर्ण ग्रहाकों को बुलाने तथा उनसे महत्वपूर्ण अनुबंध करने में सहायक होता है।

P7 9x9 (Accident Preventor)

अति गत्यात्मक पिरामिड यंत्र समूह – संपत्ति के लिए।

(साथ में संपूर्ण कमरे को उर्जित करता है, इलेक्ट्रॉनिक सामान और वाहनों के जीवन और दक्षता को बढ़ता है।)

कम्प्यूटर, स्कैनर, फोटोस्टेट मशीन, प्रिंटर, टीवी, म्यूजिक सिस्टम आदि उपकराणों की कार्यक्षमता में अभूतपूर्व वृद्धि प्रदान करता है। कार के डैश बोर्ड पर पिरामिड लगाने से दुर्घटना की संभवना खत्म हो जाती है तथा कार्यक्षमता में बढोत्तरी होती है।

P8 9x9 (Water Enerziging Pyramid Assembly)

अति गत्यात्मक पिरामिड स्वास्थ्य समूह – पिरामिड जल बनाने के लिए (प्रयोगकर्ता के जीवन संचार में चक्र संतुलन द्वारा सहायता/पाचक अवयवों की कार्यशैली में सुधार और शरीर की पीड़ा को कम करने में भी सहायक)

चांदी या तांबे के बर्तन में भरे पानी के ऊपर रखने से पिरामिड ऊर्जा युक्त जल बनाया जा सकता है, जिसके पीने से पेट की सब बीमारियां तथा मुंह/आंखों पर छींटे मारने से मुहांसे तथा आंखे लाल रहने की बीमारी में लाभ होता है। ऊर्जायुक्त जल को 15 मिनट मालिश करके बीस मिनट तक शरीर के विभिन्न अंगो पर लगातार रखने से दर्द, सूजन कम होता है।

अधिक ऊर्जायुक्त पिरामिड पानी बनाने का संयत्र अलग–अलग P2 तथा P5 की तरह भी इस्तेमाल किया जा सकता है।

P9 रत्न पिरामिड यंत्र (Precision Stone Pyramids)

अ) स्फटिक (Crystal Pyramid) यह नकारात्मक ऊर्जा को खत्म करके सकारात्मक ऊर्जा का विकास करता है। मन में उठते हुए गलत विचारों को शांत करके, अच्छी सोच, शुद्धता प्रदान करता है।

बच्चों की मेज पर रखने से पढ़ाई में एकाग्रता होती है।

आ) अगेट पिरामिड यह आत्मविश्वास में वृद्धि करता है। व्यापार में लाभ करता है। सकारात्मक ऊर्जा का विकास व प्रसार करता है।

इ) रोज क्वार्टर पिरामिड शयनकक्ष में रखने के लिए एक अनमोल रत्न। दाम्पत्य जीवन को मधुर करता है। आपसी संबंधों में आई खटास को मीठास में तब्दील करता है तलाक लेने के इच्छुक पति–पत्नियों को आपस में झगड़े खत्म करके साथ रहने में विशेष सहायता करता है।

ई) एमीस्ट पिरामिड व्यापार, घर में रखने से असीम शुद्धता, आधार, विश्वास, खुशी व मानसिक शांति प्रदान करता है।

P10 इच्छा पूर्ति बाक्स (Wish Fulfillment Box)

यह पिरामिड यंत्र विशेष रूप से आपकी एक अच्छी इच्छा 43 दिनों में पूरी करने में सहायक है। एक पीले त्रिभुज कागज पर अपनी इच्छा लिखें व त्रिभुज बॉक्स में रखकर 43 दिन तक अपने इष्ट देवता का ध्यान करें। 43 दिनों में आपकी इच्छा पूरी होगी। एक समय में केवल एक ही इच्छा रखें। दूसरी इच्छा के लिए दोबारा से दूसरी मशीन का प्रयोग करें।

इच्छापूर्ति प्रयोग

व्यक्ति के खास इच्छाएं, अपेक्षाएं रहती है जिनके पूर्ति हेतु वह प्रयासरत रहता है। यदि हम एक तिकोने कागज पर अपनी इच्छा लाल रंग से लिखकर उसे राशि के अनुसार पिरामिड में या पिरामिड यंत्र के नीचे रखते है और उस इच्छा का सुबह शाम अपने इष्टदेवता का

ध्यान करते हैं तो वह कुछ ही दिनों में पूरी होती दिखती है। इसके लिए पूर्व या उत्तर दिशा में एक छोटी चौकी पर पिरामिड या पिरामिड यंत्र रखें। उसके नीचे तिकोने कागज पर अपनी इच्छा कम से कम शब्दों में लिखें। कागज का रंग कार्यों के अनुसार रखें तो उचित होता है। पीला रंग दैवी कृपा प्रेरणात्मकता के लिए, शुभेच्छाओं के लिए, नारंगी रंग बुद्धि–विकास और मनोविकास के लिए, नीला रंग रोगों के उपचार के लिए, हरा रंग प्रेम भावना और निरोगता के लिए प्रयोग में लाया जाता है। रोज सुबह–शाम इसके सामने बैठकर अपने हाथ साधन पर रखकर कागज में लिखी बात नौ बार दोहरायें। नौ दिन तक यह प्रयोग करें। बाद में उक्त कागज को घी के दिये में जलायें तथा राख को खुले बगीचे या खुला मैदान में उड़ा दें। यह प्रयोग इच्छापूर्ति तक करें, अवश्य लाभ होता है, परंतु इच्छाएं कल्याणकारी व शुभ होनी चाहिए।

चित्र उपचार

दूर रहने वाले किसी रोगी पर उपचार करने हेतु उसका छायाचित्र पिरामिड में या यंत्र के नीचे रखकर शुभेच्छाएं सम्प्रेषित की जा सकती हैं। मंत्र तरंगे छायाचित्र के नीचे तिकोने कागज पर "फलाना व्यक्ति रोग" पीड़ामुक्त होकर लिखे। फिर साधन के सामने उसे सुबह शाम नौ बार दोहराएं। जितनी एकाग्रता, शांति से, निश्चय एवं विश्वास पूर्वक यह किया जाये उतना ही स्थिति में सुधार होता है।

पिरामिड – पिडामिट

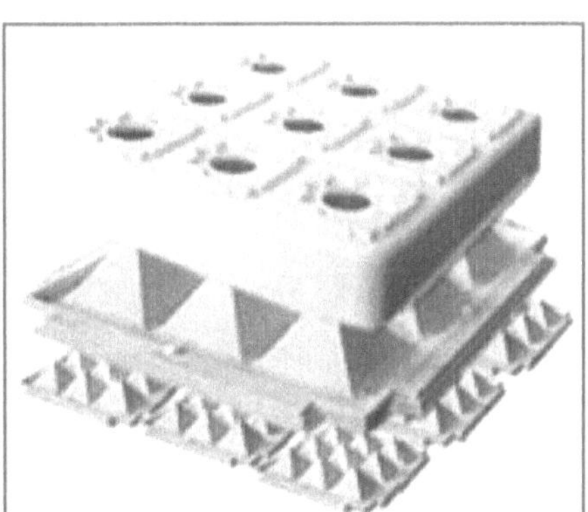

चार त्रिकोणों से बनी आकृति पिरामिड कहलाती है। तिकोन–कृति ये आकृति विज्ञान के अनुसार स्थिर आकृति होती है, जिसे हम सामान्य प्रयोग से भी अनुभव

कर सकते हैं। माचिस की काड़ियों को वॉलट्यूब के टुकड़ों से जोड़कर त्रिकोण, चौकोन, पंचकोण आदि आकृतियां बनाये, फिर इन्हे दो उंगलियों के बीच रखकर दबायें। आप पाएंगे कि अन्य सभी आकृतियां दबाव के बाद अपना मूल आकार बदलती हैं परंतु त्रिकोण हमेशा त्रिकोण ही रहता है, जिसे अपने घर में स्थापित कर हम अस्थिर करने वाले तत्त्वों को दूर हटा सकते हैं।

पिरामिड ये पराऊर्जा को शीर्ष से खींचकर संग्रहित करते हैं। यह प्रविष्ट होती ऊर्जा किरणें परावर्तन के नियमानुसार काट–प्रतिकाट करती हुई तीव्रतम होती जाती है। अंदर भर जाने के पश्चात् यही ऊर्जा शार्ट वेव्ह पिरामिड ऊर्जा बनकर पांचो कोणों से बाहर फैंकी जाती है। उसी ऊर्जा के सम्मुख आने के कारण अनेक वस्तुओं के बिखरे–अनियमित एवं अव्यवस्थित अणुओं पर उसका प्रभाव पड़ता है और वे व्यवस्थित, नियमित तथा एकीकृत बनकर उस वस्तु की कार्यक्षमता बढ़ाते हैं। नवीनता प्रदान करते हैं। इन तथ्यों को दृष्टिगत रखें तो दूषित तथा अव्यवस्थित वातावरण, विचार एवं आकार को सुधारने का कार्य पिरामिड कैसे करता है यह स्पष्ट हो जाता है। अतः वास्तुदोष या व्यक्ति दोष सुधारने में, व्यवस्था को सुव्यवस्था में परिणत करने में, पिरामिड जनित एक से लेकर सौ मिलीमायक्रो मीटर विद्युत चुंबकीय सी तरंग ऊर्जा अत्यंत कारगर साबित होती है। डिसआर्डर को ऑर्डर में स्थापित करने वाली पिरामिड ऊर्जा लगभग दस नानोमीटर क्षमत्ता की होती है। जो सभी दृष्टि से पीडामिट सिद्ध होती है। अतः सभी प्रकार के वास्तु दोष मिटाने, बाधित, दूषित निगेटिव तत्वों को सुव्यवस्थित एवं सुखदायी बनाने हेतु हम पिरामिड की सहायता विश्वास के साथ ले सकते हैं।

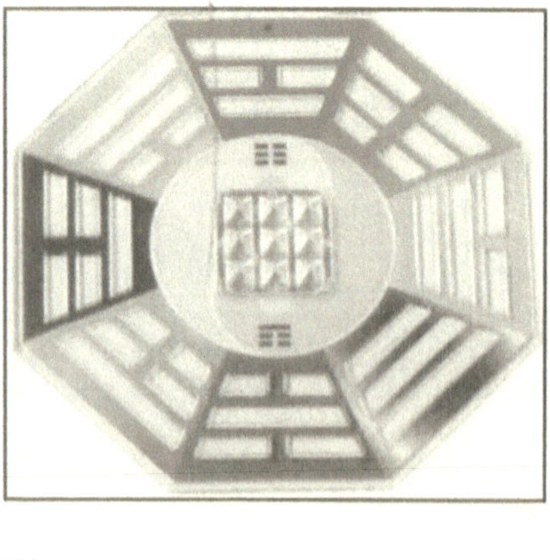

टिप्पणी : उपरोक्त विवरण को पढ़कर एक बार

तो ऐसा लगता है, कि पिरामिड साधारण प्लास्टिक का टुकड़ा न होकर कोई जादुई चिराग हो, जो हमारी हर प्रकार की समस्या का समाधान कर सकता है।

● अब मैं आपको उस पायराविद् की कुछ खोजों से अवगत करता हूं, जो अपने आपको पायरावास्तु का जनक मानते हैं। सत्य भी यही है। जब गुजरात में पिरामिड का स्वास्थ्य के क्षेत्र में प्रयोग हो रहा था तब इन्होंने ही पिरामिड को वास्तु के साथ जोड़कर पायरावास्तु शब्द का प्रयोग करना शुरू किया था। इन्होंने वास्तु के अलावा फेंगशुई और रेकी को भी पिरामिड जोड़कर उसके यंत्र बना डाले हैं। ताकि हर क्षेत्र के अधिकं से अधिक लोगों के साथ छल किया जा सके। उनकी पुस्तक के कुछ अंश इस प्रकार हैं –

बागुआ पिरामिड यंत्र

कई वर्षों तक बागुआ का उपयोग करने के बाद एक विशिष्ट बागुआ पिरामिड यंत्र बनाया है। इनके द्वारा बनाए गए इस विशिष्ट बागुआ में पिरामिड यंत्र और मध्य में गोल्ड चीप है। मध्य में यह विशेष प्रावधान इसलिए किया गया है कि इस पिरामिड बागुआ को उपयोग से पहले ही क्रियाबद्ध किया जा सके ताकि वह प्रयोग के समय अधिक प्रभावशाली बन जाए।

***टिप्पणी** : जो खोज पांच हजार साल में चीन के विद्वान नहीं कर पाए, इस विद्वान ने दिमाग की परिकल्पना से तैयार कर दी। सच्चाई यह है कि फेंगशुई में बागुआ के मध्य में संतुलन पैदा करने के लिए यिन एवं यान की आकृति बनाई जाती है या घर को बाहर से मिलने*

वाली सकारात्मक और नकारात्मक ऊर्जा को पास लाने या दूर करने के लिए इसके मध्य दर्पण (Mirror) लगाकर चीन, हांगकांग, सिंगापुर, मलेशिया आदि देशों में घर के मुख्य द्वार पर इसे लगाया जाता है।

पायरा रेकी और पंचतत्त्व

तिब्बती–बुद्ध सिद्धांत के पंच तत्त्वों के आधार पर पायरा रेकी काम करती है। आपके शरीर में या आसपास पंच तत्त्वों के किसी भी असंतुलन को पायरा रेकी के द्वारा सरलता से संतुलित किया जा सकता है। यहां पिरामिड यंत्र मल्टियर 9 x 9 को रेकी के पांच प्रतीकों के रूप में उपयोग करना है। पिरामिड यंत्र मल्टियर 9 x 9 को असंतुलित तत्त्व के भाग पर रखें और स्थानीय उपचार के समान ही पायरा रेकी करें।

टिप्पणी: *विश्व व्यापी पंचतत्त्व पर आधारित रेकी की बढ़ती लोकप्रियता का लाभ लेने के लिए इस विद्वान ने रेकी को भी पिरामिड के साथ जोड़ दिया ताकि रेकी पर विश्वास करने वाले इनकी लूट से न बच सकें।*

मनुष्य और पिरामिड

पायरावास्तु के द्वारा मनुष्य स्वयं को भी नकारात्मक ऊर्जा के दुष्प्रभावों से बचा सकता है तथा नकारात्मक ऊर्जा से भी सामंजस्य व संतुलन स्थापित कर सकता है। इस विधि के द्वारा उपचार इतना प्रभावी है कि इससे वह आत्मिक, मानसिक व शारीरिक संतुलन प्राप्त

कर सकता है। पायरा वास्तु स्वास्थ्य, धन और प्रतिष्ठा में वृद्धि के उद्‌देश्य से भाग्योदय, संतान सुख तथा सौभाग्य प्राप्ति के लिए नए रास्ते खोलने वाला बिल्कुल नया दृष्टिकोण है।

टिप्पणी: *विद्वान के इस कथन को पढ़ने के बाद तो ऐसा लगता है कि पिरामिड आकृति के प्लास्टिक का एक छोटा सा टुकड़ा मनुष्य के सब दुख हर लेगा। यदि सच में ऐसा होता तो आज दुनिया में एक भी आदमी परेशान नजर नहीं आता।*

पिरामिड यंत्र

पायरावास्तु का अन्य महत्त्वपूर्ण पहलू है उसके सात महत्त्वपूर्ण पायरा केन्द्र। वास्तु और फेंगशुई में फर्श या उसके मध्य भाग पर जोर दिया जाता है, पर पायरा वास्तु में भवन के गतिशील आयतन के यथार्थ का विचार किया जाता है। किसी भी आयतन को समझने के लिए हमें उसकी सीमाओं को देखना होगा जैसे एक कक्ष में छत, फर्श और चारों दीवारें उसकी सीमा है। पायरावास्तु में, आयतन केन्द्र बहुत महत्वपूर्ण है। उसके दक्षतापूर्वक ठीक से काम करने के लिए उसके छहों दिशाओं में छह सेटेलाइट समान केंद्र है। इन्हें फर्श, छत और चारों दीवारों के मध्य में स्थापित किया जाता सकता है। ये सभी पायरा केन्द्र आसपास में सूचना एकत्रित कर केन्द्रीय पायरा केन्द्र को प्रेषित करते हैं। वे केन्द्रीय पायरा केन्द्र से भी सूचनाएं लेकर अपने आसपास के वातावरण को प्रेषित करती है।

इन छह में से तीन फा पायरा केन्द्र है और शेष तीन मा पायरा केन्द्र है। ऊपर उत्तर और पूर्व के पायरा केन्द्र फा केन्द्र है और नीचे, पश्चिम और दक्षिण के पायरा केन्द्र मा केन्द्र है। ज्यों ही हम इन छह पायरा केन्द्रों को फा और मा केन्द्रों में विभाजित करते हैं, कार्य करने के लिए पायरावास्तु की शक्ति धूरी का सृजन हो जाता है। ये छह सेटेलाइट पायरा केन्द्र और मुख्य केन्द्रीय पायरा केन्द्र मिलकर पायरावास्तु की एक प्रमुख संरचना का निर्माण करते हैं। पायरा केन्द्र और काल केन्द्र पायरा वास्तु की दो मुख्य कुंजियां हैं।

अब तक आप समझ चुके हैं कि पिरामिड यंत्र केवल पिरामिड और यंत्र की सरल युति नहीं है बल्कि यह समस्या समाधान या विशेष कार्य की पूर्ति हेतु नाजुक और गतिशील ऊर्जा गुणक है।

टिप्पणी: *परेशान व्यक्ति को लूटने के लिए प्लास्टि की पिरामिड आकृति का इतना सुंदर शब्दों का ताना–बाना बुनने की कला के लिए यह विद्वान बधाई के पात्र तो हैं ही।*

पायरानेट

पायरानेट लाखों पिरामिड यंत्रों का जाल है जो विद्वान पायराविद् द्वारा विकसित और विश्वस्तर पर हजारों लोगों द्वारा उपयोग किया जा रहा है। जब आप विद्वान पायराविद् द्वारा विकसित पिरामिड यंत्र के संबंध में सीखते हैं और उपयोग करते हैं तो आप इस विशाल क्रांति के भाग हो जाते हैं। जब प्रत्येक पिरामिड यंत्र दूसरों से संवाद करता है और विशाल ऊर्जा तंत्र बनाता है तो परिणाम स्वाभाविक रूप से मिलते हैं। अब आप चूंकि इस तंत्र के अंग बन गए हैं, अतः जब आप विद्वान पायराविद् द्वारा विकसित पिरामिड यंत्र को स्थापित करेंगे तो आपको इस विशाल सकारात्मक तंत्र के कारण परिणाम मिलने लगेंगे।

टिप्पणी *: आज बिना तार की संचार सहायता से मोबाईल कार्य करते हैं जो वैज्ञानिकों द्वारा बनाए गए अंतरिक्ष में स्थापित सैटेलाईट द्वारा और शहरों में विभिन्न स्थानों पर लगाए गए टॉवरों से सिग्नल प्राप्त करके कार्य करते हैं। जब भी मोबाईल आउट ऑफ कव्हरएज एरिया हो जाते हैं, अर्थात् उसको सिग्नल नहीं मिलते हैं तो मोबाइल कार्य करना बंद कर देते हैं। पर आप उपरोक्त विद्वान का दावा देखिए कि उनके द्वारा बनाए गए पायरानेट यंत्र (प्लास्टिक से बने छोटे–छोटे पिरामिड को यह पायरानेट यंत्र कहते हैं।) की तकनीक मोबाइल की तकनीक से कितनी एडवांस है, जो कि बिना किसी सैटेलाईट या टॉवर के विश्व में कहीं भी स्थित सभी स्थापित पिरामिड एक दूसरे से निरंतर संवाद कर रहे हैं। शायद विश्वभर के पायरानेट यंत्रों का मुख्य सर्वर गीझा स्थिति पिरामिड होना चाहिए। मेरे ख्याल से मोबाईल कम्पनियों को इनसे अवश्य संपर्क करना चाहिए।*

पिरामिड यंत्र और सामान्य पिरामिड में अंतर

1+2=3 है और हाईड्रोजन और ऑक्सीजन के संयोग से जल बनता है इसी तरह यह पिरामिड यंत्र की नई विधि पिरामिड और यंत्र का समुच्चय है। इस ऊर्जा सूत्र की कोई सीमा नहीं है जैसा कि पिरामिड और यंत्र की स्थिति है। इसलिए इसे पाकेट, दीवार या वाहन कहीं भी लगाया जा सकता है। इसे अधिकाधिक व्यक्तिगत लाभ के लिए प्रयुक्त किया जा सकता है और लम्बी अवधि के लिए सुरक्षित रूप से जमीन के अंदर भी रख सकते हैं। साथ ही पिरामिड यंत्र शुद्ध वैश्विक विज्ञान, सामान्य व्यक्ति के लिए है और सभी उपासना प्रणालियों और धर्मों द्वारा अपनाया जा सकता है।

टिप्पणी *: इनके द्वारा बनाए गया एक दो इंच का पिरामिड इजिप्ट के पिरामिड से भी ज्यादा शक्तिशाली है। जो कि पिरामिड से ज्यादा एडवांस है क्योंकि यह इजिप्ट के प्रसिद्ध पिरामिडों की तरह सामान्य पिरामिड न होकर विशेष पिरामिड यंत्र है।*

पिरामिड यंत्र बनाने के लिए आदर्श वस्तु

चूंकि हम सूक्ष्म स्तर पर ही कार्य कर रहे हैं अतः आकाशतत्त्व अधिक महत्त्वपूर्ण है बजाय इसके कि किस वस्तु का उपयोग किया गया है। पिरामिड के लिए सबसे उपयुक्त वस्तु वह है जो प्राकृतिक हो जैसे महान पिरामिड के पत्थर, परंतु हमें वास्तु के विभिन्न 91 खण्डों की आवश्यकता है, उन्हें पत्थर से बनाना व्यावहारिक रूप से संभव नहीं है इसलिए न्यूट्रान पोलीमर का उपयोग किया जाता है। जिससे निम्नलिखित लाभ मिलते हैं।

तटस्थता का गुण – यह गुणात्मक रूप से तटस्थ है इसलिए अपनी कामना अनुसार क्रियाबद्ध किया जा सकता है। अन्य धातुओं का अपना गुणधर्म होता है। जैसे तांबा मंगल से जुड़ा हुआ है, स्वर्ण सूर्य से। इस कारण पायरावास्तु में उपयोग करने का परिणाम प्रभावित हो सकता है।

लम्बे समय तक चलने वाले व जंग न लगने वाले – जब हम जमीन के अंदर 9 पिरामिड यंत्र रखते हैं तो उन्हें जीवन पर्यन्त

रहना चाहिए, इस स्थिति के लिए ये न्यूट्रोन पोलीमर के पिरामिड यंत्र बिना जंग लगे, 91 खण्डों के साथ बहुत अधिक लम्बे समय तक रह सकते हैं।

ऐसे खण्ड जिनसे हवा बाहर (एयर टाईट) न निकल सके – मल्टियर 9x9 पिरामिड यंत्र का प्रत्येक खण्ड ऐसा होता है जिसमें से हवा न निकल सके तथा यह छिद्र युक्त सामग्री भी नही है। न्यूट्रान पोलीमर के कई लाभों में से कुछ लाभ बताए गए है जिनसे ये पिरामिड यंत्र बनाए जाते हैं। साथ ही ध्यान रखें कि वास्तु की अपेक्षा अधिक महत्वपूर्ण है, प्रत्येक पिरामिड का सही माप।

यंत्र धातु के बनाए जाते हैं किन्तु पिरामिड यंत्र नहीं पिरामिड यंत्र केवल केवल यंत्र नहीं है बल्कि पिरामिड और यंत्र का शक्तिशाली समुच्चय है। वे आकाश और सूचना के विकसित सिद्धांत पर काम करते हैं। साथ ही जब हम पिरामिड का अध्ययन करते हैं तो कोई धातु का बना हुआ नहीं मिलता है। ये तो पत्थर के हैं या कोई कुचालक वस्तु के बने हैं। इसलिए परंपरागत यंत्र धातु के हो सकते हैं पर पिरामिड यंत्र नहीं।

● ताम्र या स्वर्ण धातु का पिरामिड यंत्र में उपयोग

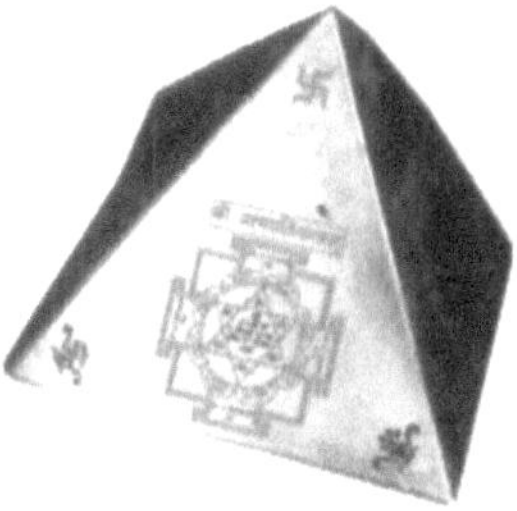

ताम्र और स्वर्ण में अनेक गुण होते हैं। परंतु जब हम पूरी तरह उनसे पिरामिड यंत्र बनाते हैं तो सभी 91 खण्ड शार्ट सर्किट हो जाते हैं। यह शार्ट सर्किट की समस्या दूर करने के लिए ताम्र या स्वर्ण को आंशिक रूप से, सही स्थान व अनुपात में उपयोग करना होगा। इसका सबसे अच्छा उदाहरण है मंदिर जहां केवल छोटा सा ताम्र या स्वर्ण यंत्र मंदिर के शीर्ष और तल में लगाया जाता है। पूरा मंदिर ताम्र या स्वर्ण से नहीं बनाया जाता है। यदि आप ताम्र या स्वर्ण के पिरामिड यंत्र का उपयोग करना चाहते हैं तो उनको आधार में कम अनुपात में उपयोग करें।

***टिप्पणी** : शायद इस पायराविद ने विश्व प्रसिद्ध स्वर्ण मंदिर के दर्शन नहीं किये हैं। जहां सदियों से दुनियाभर के लाखों श्रद्धालु दर्शन करने आते हैं और अपना जीवन धन्य समझते हैं।*

चूंकि ताम्र सुचालक है अतः क्या वह अधिक ब्रह्माण्डीय ऊर्जा को ग्रहण नहीं करेगा?

पहले तो हमें यह समझना चाहिए कि आकाश तत्त्व के स्तर पर काम रहे हैं हमें मूलतः विद्युत चालक गुण नहीं चाहिए और सूक्ष्म स्तर पर ब्रह्माण्डीय ऊर्जाएं किसी भी चालक या कुचालक सामग्री में प्रवेश कर सकती है। इसलिए ताम्र की सुचालकता की पिरामिड यंत्रो में कोई विशेष भूमिका नहीं है।

सभी पिरामिड यंत्र श्वेत रंग में है। क्या इसका भी कोई विशेष कारण है?

चूंकि श्वेत रंग ब्रह्माण्डीय स्तर पर सभी रंगों को ग्रहण कर सकता है अतः सभी दृश्य या अदृश्य रंग उससे संवाद करते हैं। इस लिए किसी रंग विशेष की आवश्यकता नहीं है। पर यदि किसी उपचार पद्धति के अनुसार कोई विशेष रंग चाहता है तो वह रंगीन पिरामिड का उपयोग कर सकता है।

वास्तु सुधार के लिए पिरामिड यंत्र कैसे लगाएं?

आप जानते हैं कि पिरामिड यंत्रांक की कोई सीमा नहीं है। उसे आपकी जेब, वाहन, और मशीन पर भी लगाया जा सकता है। इसलिए वास्तु सुधार में उन्हें दीवार या, सीलिंग में शीर्ष नीचे की ओर करके लगाया जा सकता है। उन्हें जमीन के नीचे लगाया जा सकता है या फाल्स सीलिंग से भी ढका जा सकता है।

टिप्पणी *: यह तो तय है कि वास्तुदोष दूर करने में पिरामिड़ की कोई भूमिका नहीं है। पायराविद् एक तरफ यह कहते हैं कि कहीं पर भी पिरामिड को स्थापित करना हो तो उसका नोक वाला शीर्ष भाग ऊपर आकाश की ओर होना चाहिए और नीचे का आयताकार भाग जमीन पर होना चाहिए और दूसरी ओर खुद ही उल्टा और आड़ा पिरामिड लगाने की सलाह देते हैं।*

न्यूनतम या अधिकतम कितने पिरामिड का उपयोग किया जा सकता है?

मेरा ऐसा अनुभव है कि सूक्ष्म स्थूल से अधिक शक्तिशाली है। इसी तरह मस्तिष्क पदार्थ से अधिक शक्तिशाली है। अतः आप मात्र एक छोटी सी पायरा चिप्स से ही आश्चर्यजनक परिणाम पा सकते हैं। यदि आपने उसे शुद्ध प्रेम और दृढ़ इच्छाशक्ति के साथ पर्याप्त रूप से क्रियाबद्ध किया है। पर व्यावहारिक रूप में संख्या का भी अपना महत्त्व है। न्यूनतम आवश्यक पिरामिड की संख्या अर्थात् 9 पिरामिड यंत्र का सेट (वास्तु 9x9) प्रत्येक भवन के ब्रह्मस्थल में और कम से कम 3 जहां वास्तुदोष का सुधार करना है। पर यदि दोष बड़े क्षेत्र या सघन रूप में है तो पिरामिड यंत्रों की संख्या तदनुसार बढ़ जाएगी। एक ही प्रोजेक्ट में उसकी विशालता एवं दोषों की अधिकता के कारण उपयोग किए गए पिरामिड यंत्रों की संख्या **4500** है।

टिप्पणी *: कुल मिलाकर उपरोक्त विवरण से इस पायराविद् ने बड़े तर्कपूर्ण ढंग से यह समझने की कोशिश की है, कि केवल सफेद रंग के प्लास्टिक का पिरामिड सबसे अच्छा होता है। जो सिर्फ उनकी फैक्ट्री में ही निर्मित किया जाता है। आपको उपयोग करने की संख्या के बारे में तो पता चल ही गया है, कि एक प्रोजेक्ट में उन्होंने 4500 पिरामिड लगवाए हैं।*

वास्तु स्लीप

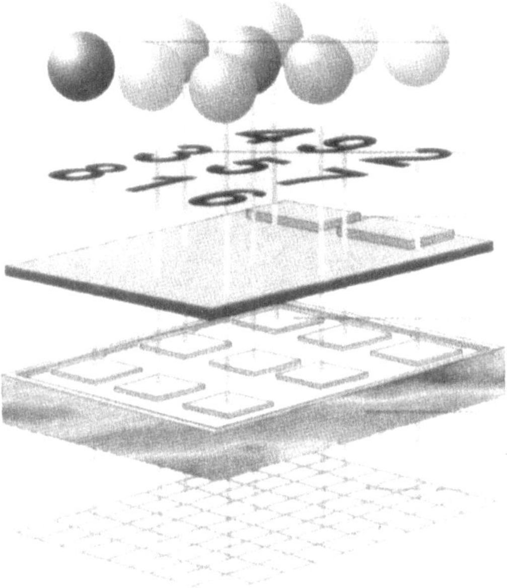

1 ऊर्जावान ग्रह

उनकी संख्यात्मक वेल्यू

आपका गद्दा

1 वास्तु स्लीप एनर्जी प्लेट्स

आपका पलंग

वास्तु सिद्धान्त पर आधारित 81 एनर्जी ग्रीड ऑफ अर्थ

निद्रा लेते समय आपका चेतन मन आराम करता है पर आपका अवचेतन मन अधिकतम क्रियाशीलता के लिए प्रोत्साहित करता है और परिणाम स्वरूप स्वास्थ्य, व्यापार और संबंधों में नई सफलता।

मुख्य सिद्धांत – हम जानते हैं कि पायरा वास्तु में ब्रह्म स्थल का विशेष महत्त्व है। इसलिए हमें पहले नितांत व्यक्तिगत कार्यों को पहले लेना चाहिए। बिस्तर/पलंग से अधिक व्यक्तिगत और क्या हो सकता है। जिस पर हम अपना एक तिहाई जीवन व्यतीत करते हैं। इसलिए अपने बिस्तर को ऊर्जित कर उसे एक शक्तिशाली यंत्र बनाएं।

यह 9 ग्रहों और 81 वास्तु खण्डों के सिद्धांत पर कार्य करता है। जैसा कि हम ने अध्ययन किया है कि सारा संवाद ब्रह्माण्डीय ऊर्जा और पृथ्वी की ऊर्जा के बीच होता है। मनुष्य इन दोनों की बीच में है। अतः जब आप 9 पिरामिड यंत्र या 9 वास्तु स्लीप यंत्र अपने गद्दे के नीचे रखते हैं तो वह काम करना शुरू करता है और ऊर्जा का प्रवाह

आपके माध्यम से होना शुरू हो जाता है। वास्तु स्लीप यंत्र में 9 प्लेटों का सेट होता है और प्रत्येक प्लेट में 81X9 = 729 पिरामिड रहते हैं। बीच की प्लेट में स्थित स्थान पर आप विशेष कामना लिखकर भी रख सकते हैं। आपको अपनी कामना सोने से पूर्व नित्य दोहरानी है और तब आपका अवचेतन मन आपको अधिक स्वास्थ्य, सम्पत्ति और शक्ति देने के लिए कार्य करेगा।

वास्तु स्लीप यंत्र में 6561 पिरामिड यंत्र पूरे पलंग पर रहते हैं।

टिप्पणी – इस विद्वान ने कितनी चतुराई से बह्माण्डीय ऊर्जा और पृथ्वी ऊर्जा के बीच मनुष्य के संबंध को समझाया है। एक पलंग पर लगने वाले पिरामिड की संख्या पर ध्यान दीजिए और यदि एक पिरामिड की कीमत केवल 20 रुपये हो तो पलंग में 131220 रुपये के पिरामिड लगेंगे। आपको यह जानकार आश्चर्य होगा कि लगभग इसी प्रकार के गद्दे बेचने वालों का एक रैकेट लगभग 2 वर्ष पूर्व इंदौर एवं भोपाल में पकड़ा गया था। जो कि लगभग 75000 रुपये से लेकर 150000 रुपये तक के गद्दे बेचते थे। इतने रुपये खर्च करने के बाद भी जब लोगों को जरा भी फायदा नहीं हुआ तब उन्हें लगा कि वह ठगा गए हैं। ठगी के शिकार हुए लोगों ने पुलिस में शिकायत दर्ज

करवाई। जिस पर पुलिस ने कार्रवाई कर ठगों की गिरफ्तारियां भी की थी। विश्व के कई देशों में अच्छी नींद के लिए पिरामिड का प्रयोग किया जा रहा है। इस पिरामिड चिकित्सा की प्रक्रिया में पलंग को बड़े आकार के पिरामिड के अंदर रखा जाता है। ताकि पिरामिड के अंदर मौजूद सकारात्मक ऊर्जा से उस पलंग पर सोने वाले को मानसिक शांति मिले और सुख की नींद आए। परंतु देखिए इस महाशय ने बिलकुल नई खोज कर डाली कि ऊर्जा पिरामिड के अंदर न होकर पिरामिड के बाहर की तरफ होती है।

फैक्टरी के लिए पायरा वास्तु

सही कार्य योजना तैयार करना

कोई भी फैक्टरी शुरू करने से पूर्व यह पहला कदम है। यह फाइल आपके लिए बहुत महत्वपूर्ण है जबकि आपके पास कोई भूखण्ड या भवन नहीं है। विजयी शुरूआत के लिए इस प्राजेक्ट फाईल को क्रियाशील बनाकर सफलता की पहली सीढ़ी चढ़ें।

क्रियाः प्रत्येक प्रोजेक्ट फाइल जो आपको जमा करना है, एक पायराचिप उसे ऊपर या अंदर चिपका सकते हैं। यह आपके स्वप्न को साकार करने में सहायक होगा।

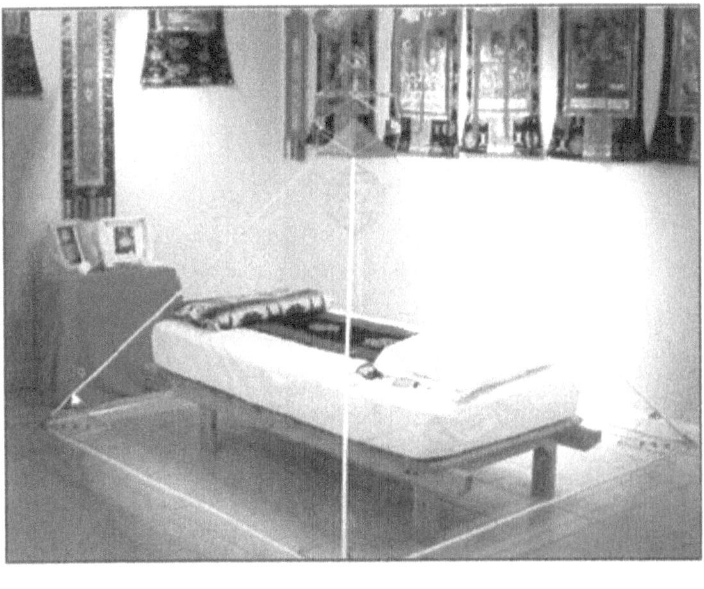

वित्त प्राप्ति और बैंक ऋण

वित्त जुटाना सबसे बड़ी समस्या है। वित्त की व्यवस्था सही समय पर होना आवश्यक है। वित्त के प्रवाह को आप आध्यात्मिक शक्ति से अपनी ओर कर सकते हैं।

क्रियाः आपके बैग या टेबल के ऊपरी बायें कोने पर एक पिरामिड यंत्र लगाएं।

लगी हुई फैक्टरी से सुरक्षा

आपको अपनी फैक्टरी को पड़ोस की फैक्टरियों से बचाना होगा। यह आपको दीवार खड़ी करके या पायरा दीवार बना कर करना होगा।

क्रियाः पड़ोस की फेक्टरी या जिस ओर से अधिक व्यवधान है उस प्लाट से लगी सीमा पर दीवार/पायरा दीवार बनाएं जिससे आपकी फैक्टरी को नकारात्मक ऊर्जा से सुरक्षा मिलेगी।

उत्तर पूर्व में विद्युत तार बिल्कुल नहीं

इस बात की सावधानी रखें कि विद्युत ट्रांसफारमर आदि उत्तर पूर्व में न हो। पर यदि ये पहले से ही वहां स्थित है तो नीचे अनुसार करें।

क्रियाः नकारात्मक ऊर्जा को ट्रांसफारमर के चारो ओर 8 मल्टियर लगाकर या भूमिग 9 मल्टियर की पंक्ति बनाकर रोकें। यदि ट्रासंफारमर की क्षमता अधिक है तो अधिक पिरामिड यंत्र का उपयोग करें।

मशीन और श्रमिकों के बीच सामंजस्य

फैक्टरी की प्रमुख समस्या मशीन और श्रमिकों का सामंजस्य है, उनमें सामजंस्य निम्न अनुसार किया जा सकता है।

क्रियाः मशीन के अधिकतम परिणाम लेने के लिए आपको उसके नीचे, स्थापना पूर्व पिरामिड यंत्र लगाना चाहिए। या स्थापना के बाद मुख्य नियंत्रक स्थानों पर श्रमिकों की सुरक्षा और सामंजस्य के साथ काम करने के लिए प्रत्येक श्रमिक की जेब में एक पायरा कार्ड (लक–फोर्च्युन) रखें।

भागीदारों में सामंजस्य

यदि आपकी कम्पनी में भागीदार हैं तो देखें कि क्या उनके बीच परस्पर सामंजस्य है?

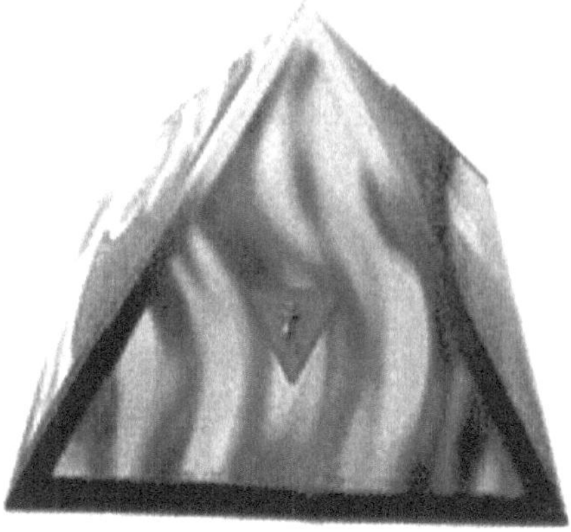

क्रियाः एक ऊर्जित पायरा चिप का उपयोग जेब या अटैची में कर उसे तदनुसार निर्देशित करें। कुछ विशेष करना है तो 9X9 सामंजस्य यंत्र को दोनों के फोटोग्राफ के साथ उपयोग करें।

टिप्पणी – मेरा विश्वास है कि इस विद्वान की चतुराई भरी बातें पढ़कर आपको निश्चित हंसी आएगी। मेरे ख्याल से हर उद्योगपति को कंपनी के आर्टिकल ऑफ मेमोरेडम में यह क्लाज जरूर डालना चाहिए कि यदि भागीदारों के बीच में किसी बात को लेकर विवाद हो जाए तब सभी बोर्ड ऑफ डायरेक्टर बोर्ड मिटिंग में अपने–अपने सिरों पर पिरामिड लगाकर ही उपस्थित होंगे और विवाद का हल ढूंढेंगे। जब सभी डायरेक्टर के सिर पर पिरामिड लगा होगा तब उनका मस्तिष्क सही ढंग से कार्य करेगा और विवाद का हल शीघ्र निकल जाएगा। मेरे ख्याल से यदि विवाद ज्यादा गहरा हो तो ऐसी स्थिति में सिर के साथ–साथ उन्हें एक–एक पायरा कार्ड अपनी–अपनी शर्ट की जेब में भी रख लेना चाहिए। ताकि भागीदार निर्मल ह्दय के साथ विवाद का हल ढूंढ़ सकें।

खेत और सिंचाई के लिए पायरा वास्तु सुरक्षा आवश्यक है

कृषक की प्रथम आवश्यकता अच्छी फसल का उत्पादन और खेत की सुरक्षा है। खेत के बड़े आकार के कारण सुरक्षा कठिन हो जाती है। अब आप अपने खेत की सुरक्षा सीमा के चारों तरफ समान दूरी पर पिरामिड यंत्र लगाकर कर सकते हैं। इन्हें 9 गुणांक में लगा सकते हैं और अच्छे उत्पादन के लिए ब्रह्म स्थल को ऊर्जित करें।

प्रमुख पौधों को क्रियाशील बनाएं: अपने प्रमुख पौधों या फसलों को एक यंत्र बनाएं। चित्र में बताएं अनुसार उनके चारों ओर 8 पिरामिड लगाएं और परिणाम देखें। मुख्य फसल के क्षेत्र को भी आप उसके चारो ओर पिरामिड यंत्र लगाकर सुरक्षित कर सकते हैं।

अनियमित आकार मुख्य समस्या है: खेतों में सबसे प्रमुख वास्तुदोष या बहुत अधिक अनियमित आकार का होना है। यह प्रगति और समृद्धि में कमी का मुख्य कारण है। ब्रह्मस्थल में 81 पिरामिड यंत्र लगाएं या खेत को उपयुक्त भागों में बांट लें। खेत में पिरामिड यंत्रों को लगभग 3 फुट गहराई पर लगाना चाहिए।

अधिक शक्तिशाली खेत: अपने खेत को शक्तिशाली यंत्र बनाने के लिए आप पिरामिड यंत्रों को कई सतह में लगा सकते हैं। जैसा कि चित्र में दर्शाया गया है। पर यह बहुत बड़े खेतों में किया जाता है। यह बहुत अधिक टेढ़े–मेढ़े खेत में। 81 पिरामिड यंत्रों की 3 से 9 सतहों पर कुल 729 यंत्र लगाये जा सकते हैं।

जल और बीज ऊर्जित करना: पिरामिड यंत्र का सबसे अच्छा और व्यावहारिक उपयोग है जल बीज और खाद को फसल के लिए ऊर्जित करना। 9 पिरामिड के ऊपर से पाईप लाइन बना दें। बीज और खाद को पिरामिड यंत्रों से ऊर्जित कक्ष में रखा जा सकता है या फिर पिरामिड यंत्र के अंदर ही 25 घण्टों तक रखा जा सकता है।

ऊर्जा के और नए प्रयोग

यह एक नया प्रयोग है जो अनुसंधान स्तर पर है। इसमें पिरामिड यंत्र पेड़–पौधों में ही लगाए जा सकते हैं। 9 पायरा चिप वृक्ष के तने में डाल को काट कर लगा दें। फिर उसे बंद कर दें और पायरा एनर्जी को स्थायी रूप से उसके अंदर रहने दें।

टिप्पणी – भारत एक कृषि प्रधान देश है और विज्ञान की इतनी तरक्की के बाद भी बड़े दुख की बात है कि भारत का किसान हमेशा कर्ज में डूबा रहता है। पिछले कुछ सालों से देश में बड़ी संख्या में किसान आत्महत्या तक करने लगे हैं। एक तरफ किसानों की इस खराब हालत और दूसरी तरफ इस पायरावास्तु विशेषज्ञ की खोज को देखते हुए तो लगता है कि देश की सरकार को चाहिए कि किसानों

को खाद, बीज इत्यादि की मदद करे या ना करे परंतु किसानों को पिरामिड जरूर बटवा दे। खेतों में पिरामिड का उपयोग से फसल अच्छी आएगी और किसान को कर्ज से मुक्ति मिल जाएगी। किसान और उसका परिवार सुख की जिंदगी जी सकेगा। इससे भारत भी विश्व की महाशक्ति बन जाएगा।

वाहनों के लिए

आश्चर्यजनकर परंतु सत्य। यदि आप अपने वाहन के ऊपर पिरामिड यंत्र लगाते हैं तो आपके वाहन का सामंजस्य आपके साथ बढ़ता है। यदि इसे आप वाहन के पेट्रोल टैंक, कारबोरेटर पर लगाते हैं तो इससे ईंधन की खफत कम होती है। कार में डेश बोर्ड या स्कूटर में हेन्डल पर इन यंत्रों को लगाने से आप सुरक्षा, वाहन की कार्यक्षमता भी प्रभावित कर सकते हैं। ट्रकों पर लगाकर दुर्घटनाओं से भी निजात पा सकते हैं।

प्रोटेक्ट 9×9 कार

साथ ही कार सुरक्षा के लिए एक नया यंत्र विकसति किया है। जिसका उपयोग सभी बड़े वाहनों पर भी किया जा सकता है। इसे कार के डेश बोर्ड पर लगाया जा सकता है।

टू व्हीलर वाहनों के मामले में हैंडिल या नंबर प्लेट के पास छोटा पिरामिड लगाया जा सकता है।

टिप्पणी – विश्व में पेट्रोल डीजल के खत्म होते जा रहे भंडार को देखते हुए पूरे विश्व की वाहन निर्माता कम्पनियां करोड़ो रुपये केवल ऐसी तकनीक खोजने में खर्च कर रही है कि कम से कम ईंधन का उपयोग कर वाहन ज्यादा से ज्यादा दूरी तय कर सकें। लेकिन मुझे इन निर्माताओं की नादानी पर तरस आता है कि वह इस पिरामिड

विशेषज्ञ की इस महान खोज की ओर कोई ध्यान ही नहीं दे रही है। कंपनियों को चाहिए कि शीघ्र ही इस विद्वान से संपर्क करें। जिससे कम्पनियों का अनुसंधान में लगने वाले समय और पैसे दोनों की बचत हो सके और विश्वभर के वाहन चालक कम खर्च में वाहन का ज्यादा से ज्यादा उपयोग कर मजा लूट सकें।

- **अब आपका परिचय मैं एक ऐसे पायराविद से करवाता हूं, जो पंचधातु से बना पिरामिड लगाने की सलाह देते है और विशेष परिस्थितियों में स्वर्ण पॉलिश किए पिरामिड के उपयोग की सलाह भी दे रहे हैं। इनके पास विभिन्न समस्याओं के लिए वैराईटी में पिरामिड उपलब्ध है।**

वास्तुदोष निवारक एवं धन–समृद्धिदायक – पिरामिड यंत्र

1. **वृहद पिरामिड** : इस पंचधातु वृहद पिरामिड का निर्माण मुख्यतया वृहद व्यावसायिक संस्थाओं एवं फैक्ट्रियों के लिए किया जाता है। जिससे वास्तुदोष की निवृति हो सके।
2. **लक्ष्मी पिरामिड** : पंचधातु लक्ष्मी पिरामिड का निर्माण मुख्यतया घर, ऑफिस एवं दुकान के पूजन कक्ष में रखने के लिए किया जाता है। जिससे इन स्थानों पर शुभ लक्ष्मी जी का आगमन हो एवं सुख–शांति बनी रहे। यह पिरामिड स्वर्ण पॉलिश युक्त होता है।
3. **चांदी में पिरामिड लॉकेट** : इस पिरामिड के धारण करने से मानसिक शांति बनी रहती है एवं शरीर की नकारात्मक ऊर्जा कम होती है।

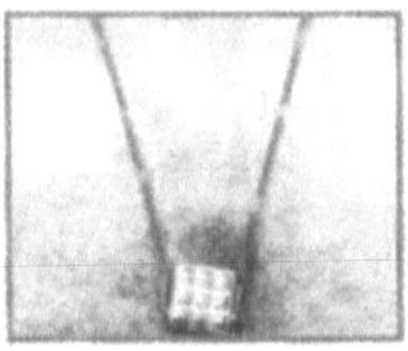

4. **कामनापूर्ति कारक लघु पिरामिड** : इस पिरामिड को पंचधातु से बनाया जाता है एवं इसका प्रयोग करने से व्यक्ति की मनोकामना पूर्ण होती है इसका उपयोग हाथ, गले एवं मस्तक में से किसी पर भी किया जा सकता है।

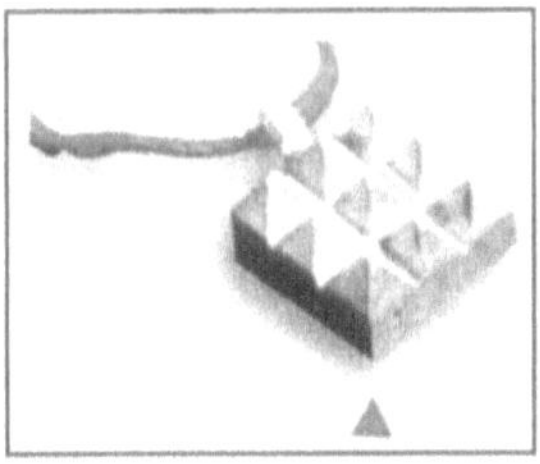

5. **स्वास्थ्यवर्द्धक पिरामिड** : इस पिरामिड का निर्माण मुख्यतया पिरामिड जल बनाने के लिए उपयोग किया जाता है। पिरामिड का पानी पीने से शीघ्र ही रोग से लड़ने की प्रतिरोधक क्षमता बढ़ जाती है।

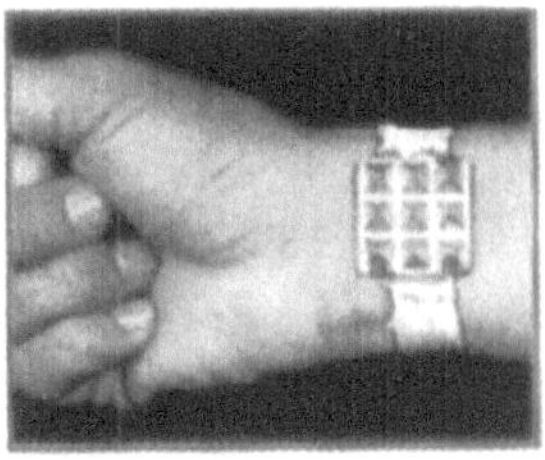

6. **मंगल पिरामिड** : इस पिरामिड का उपयोग मुख्यता ऑफिस में एवं बच्चो की टेबल पर रखने के लिए किया जाता है। जिससे कार्यक्षमता में वृद्धि एवं बौधिक क्षमता का विकास होता है एवं मानसिक थकान कम होती है।

7. **इंद्राणी यंत्र पिरामिड** : यदि व्यवसाय में निरंतर हानि हो रही हो, अनेको यत्न–प्रयत्नों के पश्चात भी व्यापारिक हानि रुक नहीं रही हो, निरंतर व्यवसाय का ह्रास हो रहा हो तो निश्चित रूप से हमें व्यापारवर्धक इंद्राणि यंत्र पिरामिड की स्थापना करनी चाहिए।

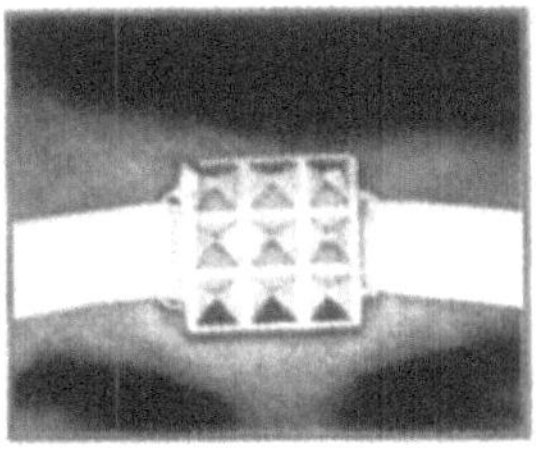

8. **श्री घण्टाकर्ण यंत्र पिरामिड** : सुख–समृद्धि ऐश्वर्य प्रदाता घण्टाकर्ण यंत्र का उपयोग कर श्री घण्टाकर्ण यंत्र पिरामिड का निर्माण किया जाता है जो अपने आप में अद्‌भुत है। इस यंत्र पिरामिड के उपयोग से सभी प्रकार की सुख–समृद्धि और ऐश्वर्य की प्राप्ति होती है।

9. **पंचधातु पिरामिड लॉकेट** : इस लॉकेट का उपयोग मात्र गले में धारण करने के लिए किया जाता है जिससे मानसिक कार्यक्षमता में वृद्धि होती है।

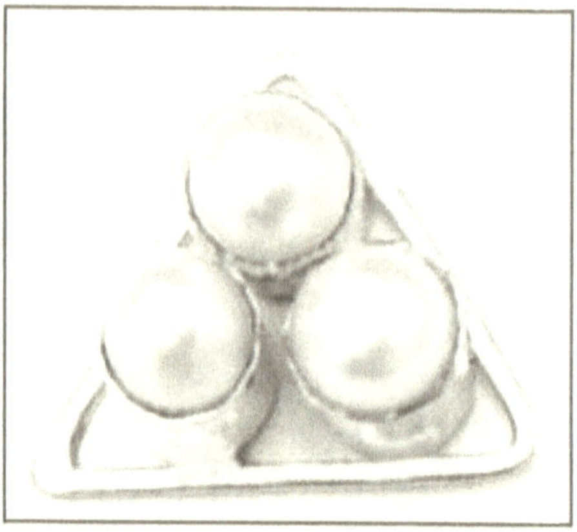

10. **राशि पिरामिड** : अपनी राशि का पिरामिड प्रयोग कर आप अपनी राशि से संबंधित ग्रह पूर्ण लाभ उठा सकते हैं।
11. **कल्पवृक्ष पिरामिड** : जिस प्रकार कल्पवृक्ष आपकी इच्छाओं को पूर्ण करने में सक्षम है उसी प्रकार कल्पवृक्ष पिरामिड का प्रयोग कर आप इच्छापूर्ति कर सकते हैं।
12. **ऋद्धि–सिद्धि पिरामिड यंत्र** : यह पंचधातु निर्मित स्वर्ण पालिश युक्त 91 पिरामिड यंत्रो वाला पिरामिड आपके घर/प्रतिष्ठानि में ऋद्धि–सिद्धि के लिए एवं मनोकामना पूर्ति के लिए सर्वश्रेष्ठ उपाय है।
13. **स्फटिक पिरामिड** : स्फटिक पिरामिड का उपयोग मुख्यता समृद्धि ऐश्वर्य के लिए अपने संदूक अथवा लॉकर में रखने के लिए किया जाता है।
14. **पारद पिरामिड** : वास्तुदोष निवारण के लिए अचूक उपाय।
15. **पारद पिरामिड लॉकेट** : आर्थिक सम्पन्नता एवं शारीरिक शक्ति के लिए।
16. **चांदी की पिरामिड अंगूठी** : इस पिरामिड अंगूठी के धारण करने से शरीर की नकारात्मक ऊर्जा कम होती है एवं सदैव कार्यक्षमता में वृद्धि होती है।
17. **अन्य पिरामिड** : अन्य पिरामिड के अंतर्गत कुछ पिरामिड ऐसे भी बनाये गए हैं जिसे ब्रीफकेस एवं बैग में रखा जाता है।

18. **नवग्रह पिरामिड** : इस पिरामिड का प्रयोग ग्रह दोष निवृति के लिए किया जाता है।

इसके अतिरिक्त अन्य पिरामिड : गुरू पिरामिड, कालसर्प पिरामिड, सूर्य पिरामिड, मंगल दोष नाशक पिरामिड, शुक्र पिरामिड, नवग्रह पिरामिड, शनि पिरामिड, श्रीयंत्र पिरामिड, वास्तु पिरामिड, वशीकरण पिरामिड, लक्ष्मी बीसा पिरामिड, दुर्गा बीसा पिरामिड, नवार्ण दुर्गा पिरामिड, कात्यायनी पिरामिड, व्यापारवृद्धि पिरामिड, विशेष 91 पिरामिड सहित श्रीयंत्र पिरामिड यंत्र।

● **इसी पायराविद् ने कुण्डली में लग्न की स्थितिनुसार भी पिरामिड उपलब्ध करा रखे है जो इस प्रकार है :**

मेष लग्न के लिए पिरामिड : मेष लग्न का स्वामी मंगल है इसलिए आप शुभ परिणामों की प्राप्ति के लिए मंगल पिरामिड का उपयोग करें।

श्री यंत्र पिरामिड

वृष लग्न के लिए पिरामिड : वृष लग्न का स्वामी शुक्र है इसलिए आप शुक्र पिरामिड का प्रयोग करें।

कर्क लग्न के लिए पिरामिड : कर्क लग्न का स्वामी चंद्रमा है इसलिए चंद्र पिरामिड का प्रयोग करें।

सिंह लग्न के लिए पिरामिड : सिंह लग्न का स्वामी सूर्य है इसलिए आप सूर्य पिरामिड का प्रयोग करें।

कन्या लग्न के लिए पिरामिड : कन्या लग्न का स्वामी बुध है अतः आप बुध के पिरामिड का उपयोग करें।

तुला लग्न के लिए पिरामिड : तुला लग्न का स्वामी शुक्र है इसलिए आप शुक्र पिरामिड का प्रयोग करें।

वृश्चिक लग्न के लिए पिरामिड : वृश्चिक लग्न का स्वामी मंगल है इसलिए आप मंगल पिरामिड का प्रयोग करें।

धनु लग्न के लिए पिरामिड : धनु लग्न का स्वामी गुरु है इसलिए आप गुरु पिरामिड का प्रयोग करें।

मकर लग्न के लिए पिरामिड : मकर लग्न का स्वामी शनि है इसलिए आप शनि पिरामिड का प्रयोग करें।

कुंभ लग्न के लिए पिरामिड : कुंभ लग्न का स्वामी शनि है इसलिए आप शनि पिरामिड का प्रयोग करें।

मीन लग्न के लिए पिरामिड : मीन लग्न का स्वामी बृहस्पति है इसलिए आप बृहस्पति पिरामिड का प्रयोग करें।

टिप्पणी: अब आप ही सोचिये कि इस पायाराविद् ने वास्तु दोषों से परेशान लोगों के साथ–साथ ज्योतिष पर विश्वास रखने वालें लोगों को भी लूटने के लिए जन्म कुंडली के आधार पर ही पिरामिड बना डाले हैं।

● **अब आप इनसे मिलिए। यह कम खर्चे में वास्तुदोष दूर करने के लिए सबसे हटकर पारद पिरामिड की सलाह कितनी होशियारी के साथ दे रहे है।**

पारद पिरामिड

पारद पिरामिड जीने के लिए 5 तत्त्वों की परम आवश्यकता होती है। इन 5 तत्त्वों के आगमन की दिशाए निर्धारित हैं। प्रत्येक तत्त्व अपनी निश्चित दिशा से प्रवेश और गमन करता है। यह क्रिया मानव जीवन के लिए अत्यंत आवश्यक है। विभिन्न दिशाओं से प्रवेश करने वाली आकाशीय ऊर्जा अवरूद्ध होने से वास्तु के नियम भंग होते हैं तथा आकाशीय ऊर्जा की कमी हो जाती है। इसे वास्तुदोष कहते हैं। दूसरे शब्दों में यह भी कहा जा सकता है, कि जिन घरों में आकाशीय ऊर्जा अवरुद्ध या प्रभावित होती है, उन घरों में वास्तु दोष माना जाता है।

पारद पिरामिड अल्प मूल्य का उपाय है। घर, कार्यालय अथवा कोई भी कार्यस्थल हो, वहां यह पिरामिड रखने से आकाशीय ऊर्जा अधिक मिलती है, जिसके फलस्वरूप शरीर की अनेक बीमारियां धीरे–धीरे नष्ट हो जाती हैं घर में शांति का वातावरण बना रहता है, आर्थिक स्थिति स्वतः सुधारने लग जाती है।

पारद एक विशेष धातु है। इसे विशिष्ट शास्त्रीय

विधि से बनाया जाता है। किसी विश्वसनीय दुकान से शुभ मुहूर्त में इसे खरीद कर पूजा स्थल पर स्थापित करने से, अथवा घर के उत्तरी क्षेत्र में रखने से लाभ होता है।

नवग्रह पिरामिडः नवग्रह पिरामिड की पूजा सभी जातकों के लिए श्रेष्ठ मानी गई है। प्राचीन काल में प्रायः सभी ऋषि, मानव पिरामिड का उपयोग करते थे। यह पिरामिड धातु, काष्ठ, रत्न, पत्थर, सोना, चांदी, तांबे, पारे, अष्ट धातु, पंच धातु आदि से निर्मित किया जाता है।

आयुर्वेद शास्त्र के प्रमुख आचार्यों चरक तथा सुश्रुत ने बहुत विस्तार से स्पष्ट किया है कि औषधि लेने के अतिरिक्त, रोगों के निवारणार्थ, पारे के शिवलिंग एवं पिरामिड की उपासना अवश्य करनी चाहिए। इसकी उपासना जितनी सरल है, उतनी ही लाभकारी भी है। यह पिरामिड स्थापित करने से धन की वृद्धि होती है।

कार्यालय में मन अशांत एवं परेशान रहने पर, इसे मेज के ऊपर सामने रख कर लिखने, पढ़ने आदि कार्य करने से परेशानी और मन की अंशाति दूर होती है। वाहन में यात्रा के समय जब सब खिड़कियां–दरवाजे बंद होते हैं, तो ब्रह्मांडीय ऊर्जा का प्रवेश कम हो जाता है। ऐसी स्थिति में यह पिरामिड सामने रखकर यात्रा करने से ब्रह्मांडीय ऊर्जा निरंतर मिलती रहती है। फलस्वरूप यात्रा में परेशानी की बजाय, आनंद और स्फूर्ति का अनुभव होता है।

- **इस पायराविद् के पिरामिड दैविय शक्तियों के मंत्र तथा यंत्र से सुज्जित है। अचरज की बात तो यह है कि इन्होंने विभिन्न धर्मों के पिरामिड यंत्र भी बना दिए हैं। जो सामान्यतः पंच धातु के बने हैं।**

पिरामिड में श्रीयंत्र

पिरामिड संरचना समृद्धिकारक रूप में – पिरामिड की जो त्रिकोणीय संरचना बनती है, उनका अपना विशेष महत्त्व है। हमारे ऋषि–मुनि त्रिकोणीय संरचना के महत्त्व को भली–भांति जानते थे, इसलिए उन्होंने अपनी दिव्य दृष्टि से त्रिकोणीय संरचना के विभिन्न

रूपों की रचना कर विशिष्ट देवी–देवताओ की वरदायिनी सकारात्मक शक्ति को प्राप्त करने का साधन बनाया। उदाहरणार्थ – श्री यंत्र।

त्रिकोण के ऊपरी सिरा आकाश का सूचक तथा निचले दोनों सिरे क्रमशः पृथ्वी (भूमि) तथा जल के सूचक बताए तथा त्रिकोण के मध्य भाग में बिन्दु वाला भाग अग्नि (ऊर्जा) का स्थान माना, जिसका वाहक वायु है। इस तरह पंचमहाभूतो से परिपूर्ण त्रिकोण रूपी संरचना प्राकृतिक ऊर्जा का स्रोत है। श्री यंत्र के विभिन्न प्रयोगों से मनुष्य के जीवन में सुख–समृद्धि में वृद्धि होने का यही रहस्य है।

अतः यदि देवशक्तियों के मंत्र और यंत्रों से युक्त पिरामिडों को दैनिक जीवन में उपयोग किया जाये तो मनुष्य का चहुंमुखी विकास हो सकता है। इसके प्रयोग में प्राणवान दैवीय ऊर्जा की प्राप्ति होकर शारीरिक, मानसिक, आर्थिक तथा आध्यात्मिक दृष्टिकोण से मानव–जीवन का उत्थान हो सकता है। इसके लिए विशेष रूप से हमारे संस्थान ने 21 प्रकार के यंत्र पिरामिडो का निर्माण किया है। जिनमें से प्रमुख इस प्रकार हैं–

1. सिद्धि–प्रसिद्धि यंत्र पिरामिड।
2. श्री नवग्रह यंत्र पिरामिड।
3. श्री हनुमान यंत्र पिरामिड।
4. श्री सांई बाबा यंत्र पिरामिड।
5. श्री स्वास्तिक पिरामिड।
6. श्री जैन धर्म यंत्र पिरामिड।
7. श्री एक ओंकार पिरामिड।
8. श्री क्रिश्चयन पिरामिड।
9. श्री ओम् पिरामिड।
10. श्री लक्ष्मी गणेश यंत्र पिरामिड।
11. श्री दुर्घटना नाशक यंत्र पिरामिड।
12. श्री माँ बगलामुखी यंत्र पिरामिड।
13. श्री व्यापार वृद्धि यंत्र पिरामिड।
14. श्री कुबेर यंत्र पिरामिड।
15. श्री वास्तुदोष निवारक यंत्र पिरामिड।

16. श्री रोग निवारक यंत्र पिरामिड।
17. श्री कालसर्प दोष निवारक यंत्र पिरामिड।

विशेष पिरामिडों के प्रयोग – उपरोक्त सभी पिरामिड दैवशक्तियों के मंत्र तथा यंत्र से सुसज्जित है। इनमें से किसी भी पिरामिड को पाठक अपनी आवश्यकता के अनुसार कार्यालय से मंगवाकर अपने घर, कार्यालय या घर के मंदिर में स्थापित करें। इसके सकारात्मक प्रभाव शीघ्र ही दिखाई देने लगते हैं। जैसे किसी बच्चे की पढ़ाई से संबंधित परेशानी है, वह ठीक से याद नहीं कर पा रहा या फिर पढ़ाई में मेहनत करने से भागता है। तब उसके स्टडी टेबल पर श्री सरस्वती यंत्र पिरामिड स्थापित करने से आप देखेंगे की कुछ ही दिनों में आपके बच्चे में पढ़ने के लिए इच्छा शक्ति प्रबल होने लगेगी और वह अच्छे परिणाम लाने लगेगा।

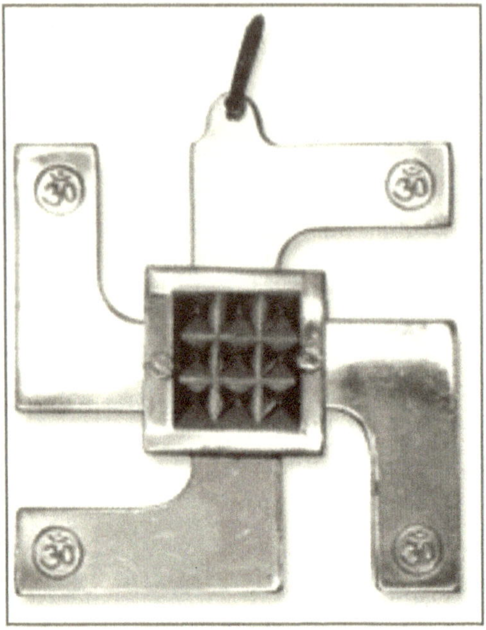

ठीक इसी प्रकार यदि किसी व्यापारी भाई को अपने व्यापार में परेशानियों को सामना करना पड़ रहा है, या फिर कर्ज का बोझ है तो वह व्यापार वृद्धि यंत्र पिरामिड़ अपने व्यापार स्थाान में स्थापित करें। इस के समृद्धि कारक प्रभाव से शीघ्र ही यह सभी समस्याएं नियंत्रित और फिर धीरे–धीरे समूल शांत होने लगेगी। यह यंत्र पिरामिड पंचधातु (सोना, चांदी, ताम्र, जिस्त, और लौह अंश) में 21 प्रकार के तैयार किए गये हैं और हमारे कार्यालय में उपलब्ध है।

टिप्पणीः लगता है कि ये पायराविद् कैंसर, पोलियो, एड्स इत्यादि रोग निवारक पिरामिड यंत्र बनाकर बाजार में प्रस्तुत कर देंगे ताकि किसी भी परेशानी से परेशान व्यक्ति इनके मायाजाल से बच न पाये।

- **अब इस पायराविद् का कमाल देखिए इन्होंने एक रुपये के नोट को ही पिरामिड में बदल डाला।**

लक्ष्मी पिरा वास्तु यंत्र

यंत्र का किसी धर्म विशेष से कुछ भी लेना–देना नहीं है। यंत्र का मुख्य बिंदु है उस पथ पर चलना जिस के द्वारा इष्ट देव को प्रसन्न कर जन कल्याण कार्य करना।

लक्ष्मी पिरा–वास्तु यंत्र द्वारा धन की क्षमता कैसे बढ़ायी जाये जिससे हम वैभवशाली जीवन व्यतीत कर सकें। हम अपनी दिमागी एकाग्रता व पाजेटिव ऊर्जा शक्ति को बढ़ाएंगे व नेगेटिव शक्ति को घटाएंगे।

सबसे छोटे मूल्य का नोट लें जैसा कि भारतीय मुद्रा में एक रुपये, यू.एस. मुद्रा में 1 पौंड व यू.एस.ए. मुद्रा में 1 डॉलर।

बिल्कुल बीच में एक तरह कर दें। नोट को बीच में सेंटर लाईन रखें और पिरामिड सेक्शन जो चित्र में दिखाया गया है उसके अनुसार खोलें। ध्यान रखें मध्य रेखा हिले नहीं। इस तरह ध्यान पूर्वक 2 मोड़ भी दें। एक के बाद दूसरा। अब आप नोट के सही आकार देने के लिए नीचे वाले कोने मोड़ दें। मुड़े हुए कोने को गम की मदद से चिपका दें ताकि पिरामिड का सही आकार बन जाये। पिरामिड के दो कोण नीचे का 52 डिग्री व तीसरा शिखर का 64 डिग्री का होता है।

अब आपका लक्ष्मी पिरा–वास्तु यंत्र यानी धन वृद्धि यंत्र तैयार है। इस प्रयोग को करने से पहले इसमें ऊर्जा (शक्ति) का संचालन करें। यानी चार्ज करें।

रोज सुबह पूजा के समय इसे अपने बाये हाथ में लें और दायें हाथ उसके ऊपर रखें। यानी मां–फा फार्मूला प्रयोग करें। मंत्र उच्चारण करें अपना लक्ष्य बनाए। ऐसा आप 40 दिन करें, आप महसूस करेंगे कि आस–पास की स्थिति में परिवर्तन आना शुरू हो गया है।

टिप्पणी : *इनका धन्यवाद देना चाहिए। इन्होंने घर बैठे ही सबसे सस्ता पिरामिड बनवा दिया।*

- **अब इन महाशय के कई सालों के व्यक्तिगत अनुभव को जानिए।**

नौकरी के लिए पिरामिड साधना

पीछे अपना फोटो चिपकाएं।

नीचे लाल स्याही से हस्ताक्षर करें।

नौकरी हेतु – नई नौकरी बदलाव, ट्रांसफर, प्रमोशन, वेतन बढ़ोत्तरी, पसंदीदा पोस्ट, गांव, शहर, फैक्ट्री से लाभ उठाने हेतु, नौकरी में कानूनी, ऊपरी अधिकारी के दाव पेंच से बचने हेतु।

उपयोगी सरलता – बांये हाथ में पिरामिड रखकर दांया हाथ ऊपर रखे। पसंदीदा नौकरी के लिए तीन बार अपनी इच्छा व्यक्त

करें। बोलते समय ध्यान पिरामिड की ओर रहे बोलने के बाद पिरामिड पाकेट में डालें।

1. **ध्यान मुद्रा** – सीधे आसन या पदमासन लगाकर बैठें। हाथों की हथेली एक दूसरे पर रखिए। दोनों अंगूठों को बाहर निकाल उनके अग्रिम भाग एक दूसरे से जोड़िए। आंखे बंद कर जप करें। ऊं.............. .... लंबा कर .... पांच मिनिट। श्री................... लंबाकर .... पांच मिनिट।

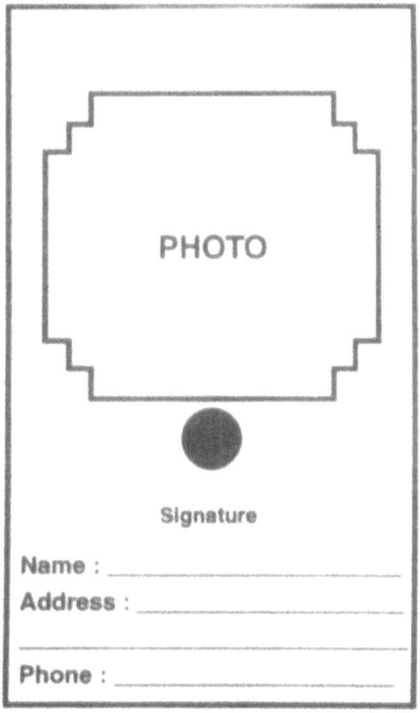

फॉर्चून कार्ड का सामने वाला भाग

2. **गणेश मुद्रा** (10 मिनिट) – हाथों की चारों अंगुलियों एक उलटी दूसरी सीधी कर एक दूसरे से जोड़िए बीच में जगह बनती है। वहां दोनो और अगूंठा अंदर करें। जप करते समय हाथों को खिंचना–छोड़ना जारी रहे। आंखे बंद रखे।

ऊ वक्रतुंड महाकाय सूर्य कोटी समप्रभ।
निर्विघ्नं कुरू में देव सर्व कार्येषु सर्वदा।

नौकरी के किसी भी प्रश्न को पिरामिड शक्ति से योग एवं प्रार्थना को जोड़कर हल किया जा सकता है। आप भी आजमाइए। एक साल के पर्यंत समय बाद अच्छे अनुभव दूसरों को कहें। बुरे अनुभव होंगे नहीं क्योंकि यह हमारा कई सालों की आजमाईश का नतीजा है।

टिप्पणी : चलो इस विद्वान ने पिरामिड की पूजा करने का सही तरीका भी बतला दिया। यदि गलत पूजा कर देते तो शायद अर्थ का अनर्थ हो जाता।

फॉर्चून कार्ड का पीछे वाला भाग

विशेषः– उपरोक्त कुछ उदाहरणों को पुस्तक में प्रकाशित करने का मेरा उद्देश्य मात्र यह है कि आप जैसे सुधी पाठकों को जागरूक करूं कि वास्तुदोष निवारण में पिरामिड की कोई उपयोगिता नहीं है। यह सब पायराविदों का बनाया गया माया जाल है। ताकि वे जनता में भ्रम फैलाकर अपना उल्लू सीधा कर सकें।

ध्यान रहे महत्त्वपूर्ण वास्तु दोषों को बिना तोड़–फोड़ के ठीक करना असंभव है। महत्त्वपूर्ण वास्तुदोषों को दूर करने के लिए आप कितने ही पिरामिड, श्रीयंत्र, घंटियां, क्रिस्टल बॉल या अन्य फेंग शुई की सामग्री लगा लें, वास्तु शांति करा लें, पूजा–पाठ, टोने–टोटके, यंत्र, तंत्र, मंत्र का उपयोग कर लें, सब समय व पैसा बर्बाद करने वाली बातें हैं।

•••

पिरामिड वास्तुः भुक्तभोगियों के अनुभव

अब मैं आपको ऐसे कुछ किस्से उन भुक्तभोगियों के बतलाता हूं जिन्होंने अपने घर, दुकान, उद्योग इत्यादि का वास्तुदोष दूर करने के लिए पिरामिड लगवाए और निराश हुए।

इंदौर में ए. बी. रोड पर इंडस्ट्री हाउस के बिजनेस सेंटर के ऑफिस में एक योग्य कम्प्यूटर इंजीनियर द्वारा अपना कारोबार शुरू किया गया। उसे पायरा वास्तु विशेषज्ञ ने ऑफिस के फर्श में एल्यूमीनियम का पिरामिड लगाने कि सलाह दी। अफसोस एक साल के भीतर ही उनको अपना ऑफिस बहुत घाटा उठाने के बाद बंद करना पड़ा।

भारत के प्रसिद्ध पुस्तक प्रकाशक ने पायराविद् की सलाह पर पिरामिड का प्रयोग किया। उस पायराविद् की पायरावास्तु पर लिखी एक किताब उन्हीं के पब्लिकेशन हाऊस से प्रकाशित की गई है। पायराविद् ने एक पिरामिड M.D. की ऑफिस टेबल पर और दूसरा M.D. के केबिन में रखे। सोफासेट के साईड टेबल पर 6 x 6

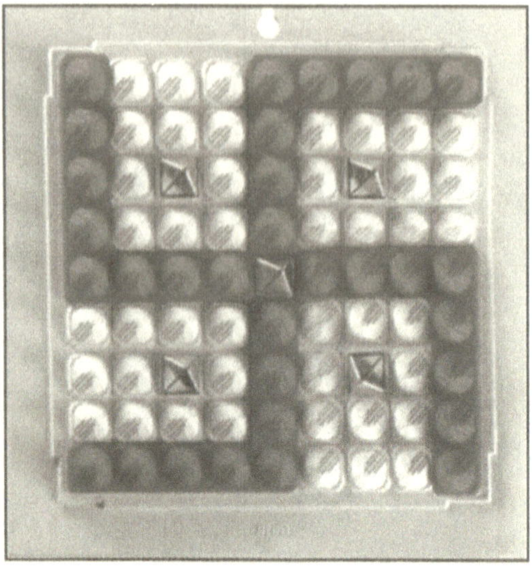

इंच के सफेद एक्रेलिक के पिरामिड रखवाए थे। सात–आठ माह तक बिल्कुल भी लाभ न होने के कारण निराश होकर मुझसे वास्तु सलाह मांगी। उनके यहां अन्य छोटे–छोटे वास्तु दोष के साथ मुख्य वास्तु दोष उत्तर ईशान कोण का ऊंचा होना, एवं दक्षिण नैऋत्य कोण नीचा होना था। मैंने उन्हें अन्य वास्तु सुधारों के साथ उत्तर ईशान कोण को नीचा एवं दक्षिण नैऋत्य कोण ऊंचा करने की सलाह दी है।

उज्जैन के एक हृदय रोग विशेषज्ञ ने अपने चैम्बर के लिए मुझसे वास्तु सलाह ली। मैंने जब जाकर वहां देखा तो पाया की उनके टेबल पर प्लास्टिक का पिरामिड रखा हुआ है। मेरे पूछने पर डॉक्टर साहब ने बताया कि एक वर्ष पूर्व मेरे ही एक पेशेंट जिन्हें वास्तु की थोड़ी बहुत जानकारी थी, उसी ने मुझे यह पिरामिड लाकर दिया है और कहा है कि इसे मैं अपनी टेबल के ऊपर दायें हाथ की ओर रखूं। एक साल होने को आया परंतु मुझे तो अभी तक इससे कोई फर्क नहीं पड़ा। उनके चैम्बर का मुख्य द्वार उत्तर वायव्य में था, मैंने उत्तर वायव्य का द्वार बंद करवाकर उत्तर ईशान में करवा दिया साथ ही फेंगशुई के अनुसार चैम्बर का प्लेसमेन्ट ऑफ फर्नीचर करवाया। इन परिवर्तनों के कुछ ही दिनों में उनकी प्रैक्टिस डबल

हो गयी। आज उनकी गिनती शहर के जाने माने हृदय रोग विशेषज्ञों में होती है।

इसी प्रकार यू. ए. ई. दुबई के पास एक शहर एलेन में दिल्ली के एक पंजाबी सज्जन ने अपनी ऑप्टिकल शॉप का वास्तु कराया। उन्होंने मुझे बताया कि चार माह पूर्व कानपुर के एक वास्तुशास्त्री ने किसी मशीन से जांच कर दुकान में कई छोटे-छोटे मेगनेट चिपकाएं व टेबल पर पिरामिड रखवाया। परंतु फायदा कुछ भी नहीं हुआ। मैंने उनकी दुकान का द्वार पश्चिम नैऋत्य कोण से बंद करवाकर पश्चिम वायव्य में बनवाया एवं फेंग शुई के अनुसार दुकान के फर्नीचर का प्लेसमेंट करवाया। आज वह पंजाबी सज्जन बहुत प्रसन्न हैं क्योंकि उनका व्यापार बहुत अच्छा चल रहा है अब उन्होनें एक शोरूम दुबाई में भी खोल दिया है।

उज्जैन की एक बड़ी मिल में अन्य छोटे-छोटे वास्तु दोष के साथ ईशान खराब था। ईशान नैऋत्य से ऊंचा था। चार वर्ष पूर्व वहां पर किसी पायराविद् ने मिल के ईशान कोण के दोष को दूर करने के लिए तांबे का नवग्रह पिरामिड 9 x 9 इंच ईशान में गड़वाया था। इसके साथ ही वहां बहुत पूजा-पाठ की गई, हवन एवं वास्तु शांति कराई गयी। उनकी हालत बद से बदतर होती जा रही थी। तीन वर्ष पूर्व

उन्होंने मेरी सलाह पर ईशान कोण के भाग की मिट्टी खोदकर नैर्ऋत्य कोण में भरवा दी और उस नवग्रह पिरामिड को निकला कर बाहर फिकवाया। ईशान कोण में खुली जगह पर एक बड़ा कुंआ खुदवाया, और नैर्ऋत्य कोण में स्थित सैप्टिक टैंक को बंद करवाकर मध्य पूर्व में बनवाया। इसी के साथ अन्य छोटे–छोटे वास्तुदोषों को भी दूर करवाया। कुछ महीनों में उनका घाटा खत्म हो गया आज उनका व्यापार बहुत अधिक लाभ में चल रहा है। और अब वे एक और मिल डालने की तैयारी में हैं।

लंदन के एजवेअर इलाके में रहने वाली श्रीमती रेखा ने मुझे वास्तु सलाह के लिए बुलाया। मैंने वहां देखा कि उत्तरी दीवार से लगी उनकी दक्षिण मुखी सेफ जहां वह अपने घर के पैसे व जेवरात रखती हैं, उसके ऊपर प्लास्टिक का चार इंच का पिरामिड रखा हुआ था। श्रीमती रेखा ने बताया कि, उनके यहां पैसा बिल्कुल नहीं टिकता है, लगता है घर में बरकत ही खत्म हो गई है। अलमारी के ऊपर पिरामिड को रखे एक साल से ऊपर हो गया था, फिर भी कोई फर्क नहीं पड़ा। मैंने वह अलमारी उसी कक्ष में दक्षिण दीवार से लगाकर उत्तरमुखी रखने की सलाह दी और पिरामिड बच्चों को खेलने के लिए दे दिया। कुछ समय बाद श्रीमती रेखा ने मुझे सूचित किया कि उपरोक्त परिवर्तन से उनके यहां पैसा टिकने लगा है।

कानपुर के एक डॉक्टर दम्पत्ति ने वास्तु सलाह के लिए मुझे आमंत्रित किया। उनके पश्चिममुखी बंगले में पीछे ईशान कोण वाले

भाग में भारतीय पद्धति का टॉयलेट बना हुआ था। कमोड की सीट को 2 फीट ऊंचा प्लेटफार्म बनाकर लगाया गया था। आग्नेय कोण में भूमिगत पानी की टंकी थी। ईशान कोण के दोष को दूर करने के लिए किसी नवसीखिए वास्तुशास्त्री ने वहां पर 144 पिरामिडों का एक ग्रिड बनवाकर रखवाया और डॉक्टर दम्पत्ति को यह विश्वास दिलाया कि अब उनके यहां किसी भी प्रकार का कोई वास्तुदोष नहीं रहेगा। इस कार्य के उसने 5000 रुपये भी वसूल लिए थे। परंतु एक वर्ष तक उनको अपने हालात में कोई सुधार नहीं दिखा, इसके बाद मुझे बुलवाया गया। मैंने डॉक्टर दम्पत्ति से कहा कि इन दो दोषों के कारण आपको आर्थिक परेशानी आ रही होगी। साथ ही परिवार में आपसी मतभेद होने चाहिए जो कि विवाद की सीमा तक चले जाते होंगे। दोनों ने इस बात को खुले तौर पर स्वीकार किया। मैंने उन्हें सबसे पहले पिरामिड हटाने की सलाह दी। ईशान कोण में बने शौचालय को आग्नेय कोण के पास पूर्व वाले भाग में बिना प्लेटफार्म के बनवाया। आग्नेय कोण की भूमिगत पानी की टंकी मिट्टी डालकर बंद करवाई और नई टंकी ईशान कोण में बनवायी, जहां पर पहले टॉयलेट बना हुआ था। आज डॉक्टर दम्पत्ति सुखद, सरल एवं खुशहाल जीवन व्यतीत कर रहें हैं।

हंसी की बात तो यह है कि पिछले दिनों कानपुर शहर में ही अपने एक पारिवारिक मित्र मि. सुनील के घर जाने का मौका मिला तो उनके कलर टी. वी. के ऊपर तांबे का एक 2 इंच का पिरामिड रखा हुआ था। मेरे पूछने पर उन्होंने बताया कि उनका टी.वी. बार–बार खराब होता था जिसकी रिपेयरिंग पर बहुत पैसा खर्च होता रहता था तो उनके पड़ोसी ने जिन्होंने हाल ही में पायरावास्तु की तीन चार पुस्तकों का अध्ययन किया है। उनकी सलाह पर दो माह पूर्व ही रखा है। इसके बाद भी सुनिल का टी. वी. सही नहीं चल रहा था।

उपरोक्त उदाहरणों से एकदम स्पष्ट है कि परिवार के सुखद एवं सरल जीवन के लिए वास्तुनुकुल प्लॉट पर वास्तुनुकुल मकान, दुकान, उद्योग इत्यादि का निर्माण करना चाहिए।

●●●

www.ingramcontent.com/pod-product-compliance
Lightning Source LLC
LaVergne TN
LVHW092036051026
849518LV00012B/937
9788128816888